LK 7/1255

LETTRE A M. BOUILLET,

Proviseur du Collège royal de Bourbon,

SUR L'ARTICLE BOULOGNE

DE SON

DICTIONNAIRE UNIVERSEL D'HISTOIRE ET DE GÉOGRAPHIE;

Par M. Aug. Mariette,

Régent de septième au Collège communal de Boulogne.

1ère partie.

Dissertation historique et archéologique sur les différents noms de Boulogne dans l'antiquité romaine :

PORTUS ICIUS,
GESORIACUM,
BONONIA.

> Cluverius *Icium portum*, quo nomine Cæsar
> utitur, primum dictam fuisse eam urbem putat,
> deindè *Gesoriacum*, ac demum *Bononiam*.
> (Had. Valesii *Notit. Gall.*, p. 234.)

PARIS.
A. LELEUX, LIBRAIRE-ÉDITEUR,
RUE PIERRE-SARRAZIN, 9.

1847.

LETTRE A M. BOUILLET,

Proviseur du Collége royal de Bourbon,

SUR L'ARTICLE BOULOGNE

DE SON

DICTIONNAIRE UNIVERSEL D'HISTOIRE ET DE GÉOGRAPHIE;

Par M. Aug. Mariette,

Régent de septième au Collége communal de Boulogne.

Ire PARTIE.

Dissertation historique et archéologique sur les différents noms de Boulogne dans l'antiquité romaine :

PORTUS ICIUS,
GESORIACUM,
BONONIA.

Cluverius *Icium portum*, quo nomine Cæsar utitur, primum dictam foisse eam urbem putat, deindè *Gessoriacum*, ac demum *Bononiam*.
(Had. Valesii *Notit. Gall.*, p. 234.)

BOULOGNE-SUR-MER.

IMPRIMERIE DE LE ROY-MABILLE,
Grande rue, 51.

1847.

Je ne destinais pas ce travail à la publicité. Je voulais en faire l'objet d'une simple lecture dans le sein de notre Société d'Agriculture et des Sciences, sauf à l'imprimer ensuite et à le répandre dans le petit cercle de mes amis. Des circonstances imprévues en ont décidé autrement.

Je sais que ce n'est pas là un titre à l'indulgence du public. Aussi ne viens-je pas la réclamer. Je demanderais au contraire que mon travail fût jugé sévèrement, si, par hasard, la critique venait à s'en occuper.

Dans le cas où pareil honneur m'adviendrait, on voudra bien considérer ma dissertation, non pas comme une solution complète et définitive des questions annoncées dans le titre, mais comme une ébauche de ces questions. Je n'ose pas mieux qualifier ce qui suit, après les immortels travaux de Danville, d'Adrien de Valois, de Ducange sur le même sujet.

DISSERTATION

HISTORIQUE ET ARCHÉOLOGIQUE

SUR LES

DIFFÉRENTS NOMS DE BOULOGNE

DANS L'ANTIQUITÉ.

———————◆———————

Boulogne, le 1er octobre 1847.

Monsieur,

L'histoire de Boulogne est encore à faire. Les savantes et profondes recherches de Lequien (1) n'ont pas même complètement résolu la question, et son ouvrage, monument de style et d'érudition, n'est que la dernière borne du chemin

---

(1) Il ne faut pas entendre ceci de l'*Abrégé de l'Histoire de la ville de Boulogne et de ses comtes*, imprimée au tome II du *Grand Coutumier de Picardie* (N° 34200 de la *Bibliothèque historique de la France*), mais de l'*Histoire complète* de Boulogne, qui n'a jamais été imprimée, et dont la bibliothèque de Boulogne croit posséder une copie faite sur une autre copie de la main du P. Luto. — Cette histoire complète, qui ne porte pas de nom d'auteur, est évidemment du P. Lequien; c'est celle à l'aide de laquelle Luto a rédigé la sienne, inscrite dans la *Bibl. histor.* sous le N° 34,201. M. A. Gérard, bibliothécaire de notre ville, l'a prouvé sans réplique dans son savant Catalogue des manuscrits de la bibliothèque publique de Boulogne (p. 166 et suiv.).

L'*Abrégé* du P. Lequien a paru en 1726. Le savant Dominicain s'occupait alors déjà d'une histoire complète. Ce fait est rendu certain par une

assez court qu'à force de temps et de patience notre histoire locale a pu parcourir jusqu'ici.

Ce n'est pas que de nombreuses tentatives n'aient été faites pour débrouiller le chaos de nos antiquités et porter la lumière dans les ténèbres de notre passé. Tout, au contraire, a été essayé. Mais il a manqué aux architectes de cette œuvre, à Lequien comme aux autres, la chose la plus indispensable : les matériaux. Car une histoire ne s'improvise pas sur des probabilités. Si le temps, tout le long de sa route jusqu'à nous, n'a pas laissé derrière lui quelques jalons, il est impossible de le suivre dans sa marche, et on risque le plus souvent de s'égarer au premier pas. C'est le

---

lettre qu'il adressa, au mois de décembre de l'année même de la publication de son *Abrégé*, à l'éditeur du *Journal des Savants*. Dans cette lettre le P. Lequien parle de l'*Abrégé* du *Grand Coutumier* comme d'un ouvrage destiné « à donner une idée générale de l'antiquité de Boulogne, sans entrer dans le détail des choses qu'il y avance (*J. des Savants*, ann. 1726, p. 738). » Plus loin, il ajoute : « On verra dans mon *Histoire*........ j'espère démontrer dans mon *Histoire*...... » et autres formules faisant voir que l'auteur songeait déjà à son *Histoire complète*. Je publie d'ailleurs (voir note A à la fin du volume) la lettre même de Lequien, qui parait avoir échappé à M. Gérard, et dont le texte, comparé à l'histoire manuscrite de notre bibliothèque, donne raison aux suppositions énoncées p'us haut.

Quant à la dissertation manuscrite sur le *Portus Icius*, qui, dans notre manuscrit, précède cette *Histoire complète* de Lequien, elle est aussi du même auteur. Elle a été imprimée au tome VIII des *Mémoires de littérature et d'histoire* du P. Desmolets. C'est le N° 306 de la *Bibl. historique*. Le *Journal des Savants* (1730, p. 676) en publie un compte-rendu qui prouverait jusqu'à l'évidence que la dissertation sans nom d'auteur que nous possédons est bien celle de Lequien, quand même ce fait ne serait pas prouvé par la conformité du texte de notre manuscrit et de celui des *Mémoires* du P. Desmolets.

Une phrase de l'*Histoire complète* : « on a dû remarquer dans la dissertation sur le *Portus Icius* ce qu'il faut penser, » démontre que c'est dans les deux ou trois dernières années de sa vie (Lequien est mort en 1733) que fut rédigée la grande *Histoire* inédite de ce savant Boulonnais.

cas ici. Les invasions, la guerre, la révolution, nous ont privés de nos archives, dont nous retrouvons à peine dans les historiens des siècles passés une centaine de feuilles éparses. Or, quelque précieux que soient ces débris, ils n'en sont pas moins insuffisants.

Je me hâte de dire pourtant que le mal n'est pas sans remède. On connaît à Tours, à Amiens, à Lille, à Arras, dans quelques bibliothèques publiques et privées, d'assez nombreux documents bibliographiques et diplomatiques qui concernent notre ville; le *British Museum*, à Londres, est riche de pièces curieuses, de plans, de registres dont la publication serait très-intéressante pour le pays (2). Ajoutez à ces matériaux ceux que nous possédons déjà, et qui, oubliés dans un coin de notre hôtel-de-ville, ont pu passer à travers la révolution pour arriver à nous, et vous verrez qu'après tout, une forte volonté aidant, la reconstruction de notre histoire est encore possible.

Je ne sais qui aura cette volonté ; je ne sais quel est celui dont la patience ne se lassera pas à réunir ces matériaux, à les choisir, à les copier, à en former un corps de documents réguliers et authentiques. Par le temps qui court, et au milieu du mouvement imprimé aux études historiques et archéologiques par le gouvernement, il me semble qu'il serait d'une bonne politique que l'administration municipale de Boulogne se mêlât à ce mouvement, et s'honorât en faci-

---

(2) Notre excellent bibliothécaire, M. A. Gérard, s'occupe avec une persévérance au-dessus de tout éloge, de réunir des notes relatives aux chartes, diplomes, titres, registres, actes divers concernant l'histoire du Boulonnais. C'est ainsi que nous avons déjà connaissance de divers plans et documents bibliographiques qui existent dans la bibliothèque *Cottonienne*, à Londres, parmi les manuscrits *Harléiens* et la collection *Hargrave*. M. F. Morand, archiviste de la ville, et correspondant du ministère de l'instruction publique, s'occupe également d'assembler des matériaux pour servir à l'histoire du pays.

litant la formation de ce corps de documents, qui importe tant à l'histoire du pays.

Quoi qu'il en soit, l'histoire de Boulogne est encore à faire. C'est assez vous dire qu'il règne de grands doutes sur plusieurs points importants de notre passé, et que les erreurs souvent les plus étranges, commises par des Dictionnaires historiques et géographiques très-accrédités, n'ont rien qui doive surprendre.

J'ose donc espérer, Monsieur, que vous me permettrez de vous soumettre, à propos de l'article *Boulogne* de votre *Dictionnaire*, quelques rectifications dictées autant par le désir de rendre hommage à la vérité historique que par celui d'être utile à votre livre.

Voici l'article en question :

« BOULOGNE, dite aussi *Boulogne-sur-Mer*, *Gesoriacum* chez les anciens, *Bolonia* et *Bononia* en latin moderne, port de mer, ch.-l. d'arr. (Pas-de-Calais), à 106 kil. N. O. d'Arras, à l'emb. de la Liane dans la Manche ; 25,752 hab. Port d'accès difficile, formé de 2 bassins ; muraille flanquée de tours rondes et renfermant un château-fort. Jolie ville, divisée en haute et basse. Trib. de 1re inst. et de comm. Collége. Sociétés d'agriculture, commerce, sciences et arts ; école de navigation ; bibliothèque publique. Commerce actif ; armements pour voyages au long-cours, cabotages, pêcheries. Bel établissement de bains de mer. Passage fréquent de France en Angleterre. Boulogne était une station navale sous l'empire romain ; elle fut détruite par les Normands, 888, et prise par Charles-Quint, 1553, après un siége de six semaines. En 1802 Bonaparte y forma un camp célèbre, et y équipa une flottille destinée à opérer une descente en Angleterre. Une colonne a été érigée sur les lieux en mémoire de cet événement. Patr. de Daunou — L'arr. a 6 c. (Calais, Marquise, Guines, Desvres, Samer, plus Boulogne), 100 communes, et 105,465 hab. »

Cet article renferme, à mon avis, plusieurs erreurs et omissions assez importantes, sur lesquelles j'appellerai votre attention avec d'autant plus d'empressement que votre

Dictionnaire est de jour en jour plus répandu, parce qu'il est de plus en plus apprécié.

Je traiterai, dans cette lettre, la question *des différents noms de Boulogne dans l'antiquité romaine*, sauf à continuer, dans une prochaine lettre, un sujet qu'il ne m'est pas permis, à cause de sa longueur, d'épuiser aujourd'hui.

§ I.

« *Boulogne,* dites-vous, *était* Gesoriacum *chez les anciens, et* Bolonia, Bononia *chez les modernes.* »

De ces trois noms, *Bolonia* seul n'est pas *ancien.* On ne le trouve pour la première fois que dans la Vie de Saint Eustase, écrite sous Clotaire II, de 614 à 628. Addon écrit pourtant *Bononia ;* mais les *Annales d'Eginhard* et tous les écrits postérieurs nous montrent ce nom orthographié selon la méthode qui a prévalu : *Bolonia Gallica.*

Gesoriacum et *Bononia* (3) sont, au contraire, deux noms parfaitement *anciens.* Le premier se trouve dans Pomponius Méla (*de situ orbis*, l. III, c. 2), dans Pline (l. IV, c. 26),

---

(3) *Bon*, celtique, embouchure, et *on*, rivière, auraient, selon Bullet (*Dict. celt.*, III, p. 55), donné naissance au nom Bononia. Le même auteur attribue une autre étymologie à ce nom, qu'il fait venir de *bonom*, *bonon*, le dernier endroit, l'extrémité. Or les anciens croyaient en effet que les Morins étaient placés à l'extrémité de la terre. Virgile dit : *Extremi hominum Morini* (*Eneid.*, l. VIII), Ammien Marcellin : *Orbis extremi* (l. XXVII). La Grande-Bretagne était regardée comme un autre monde. C'est ce qui fait dire à Josèphe (de Bell. Gall., l. II, c. 16) : *Ultra oceanum orbem et usque ad Britannias inaccessas priùs arma et exercitum transtulerunt.* Florus cite les Bretons comme *toto orbe divisos*, l. III, c. 10). — Il serait possible que les Morins aient partagé ces idées, et que, regardant leur pays comme la fin de la terre, ils aient donné ce nom même, tiré de leur propre langue, à la ville la plus éloignée de leur pays. Les mots français *Finistère* et anglais *England* (*end*, fin, et *land*, terre), n'ont pas d'autre signification. — Danville

dans Ptolémée (l. II), dans l'Itinéraire d'Antonin, dans Florus (l. IV, c. 12), dans Dion Cassius (l. LX) ; — le second est donné par Florus (l. IV, c. 12), par Eutrope (l. IX), par Ammien Marcellin (l. XXVII, c. 8).—L'un et l'autre cependant sont inconnus aux écrivains qui ont précédé, même de cinquante ans, Pomponius Méla ; César et Strabon ne les nomment pas, et Polybe, au rapport de Pline (l. IV, c. 37), appelait Gesoriacum *portus morinorum britannicus*, périphrase analogue à celle que Florus employait plus tard : *Classe igitur comparatâ, Britanniam transit* (Cœsar) *mirâ celeritate ; quippè quum tertiâ vigiliâ* morino *solvisset è* portu, *minùs quàm medio die insulam ingressus est* (l. III, c. 10).

Ces deux noms propres (Gesoriacum et Bononia) étaient, du reste, ceux de deux villes tout-à-fait distinctes de la Morinie (4). Florus l'indique clairement lorsqu'il dit de

---

(Mémoire sur les villes de Taurunum et de Singidunum, 1re partie) donne aussi au mot Bononia une origine celtique.

Pour tout dire, il faut ajouter l'étymologie bien plus probable de Malbrancq, selon lequel Bononia aurait reçu son nom de son fondateur Pédius, lieutenant de César, natif de Bologne (Italie).

(4) Un volumineux manuscrit que possède Mme Dumetz, et dont la Bibliothèque a fait faire une copie (*Recherches historiques sur le pays des Morins, par Dom Du Crocq, Bénédictin de la congrégation de St.-Maur*), attribue (p. 41) au nom propre des Morins une origine *égyptienne* : Jules-César aurait, selon Dom Du Crocq, donné à la Morinie, pays de marais et d'étangs, le nom du lac Mœris, que les Égyptiens, suivant le savant Bénédictin, appelaient Mœris, Moer, Mor, lequel mot signifierait en égyptien *étang, lac, mer*. — D'abord Mœris (Hérodote II, 101), ou Marrus (Diod. I, 67), en égyptien, ne signifie pas plus *étang* ou *mer* que ce nom de Mœris n'a été donné lui-même au lac par les Égyptiens. Les Grecs ont, d'accord en cela avec la lecture hiéroglyphique du mot, traduit Mœris par Ἡλιόδωρος (Eratosthène, *apud Sync.*, t. 1, p. 181, Dindorf), et sont les seuls qui aient appliqué le nom de Lamarrus ou le prénom de Thoutmosis III à ce lac. Les Egyptiens l'appelaient, selon toute vraisemblance, par le simple nom de *lac*. (Champollion, *Eg. sous les Pharaons*, t. I, p. 331). Dans les

l'empereur Auguste : *Bononiam et Gesoriacum pontibus junxit classibusque firmavit* (1. IV, c. 12).

Un coup-d'œil sur la topographie locale confirmera cette assertion :

Lorsque César arriva dans la Morinie, Gesoriacum occupait déjà un emplacement situé au pied d'une assez haute montagne nommée aujourd'hui le *Mont-Lambert*. C'était une petite île oblongue, dont un côté s'avançait dans la direction du *Fretum Gallicum*, et l'autre partageait en deux courants les eaux de l'*Elna* (la Liane ; *eln*, en celtique, *coude*). Malbrancq (*de Morinis*, l. I, c. 11) et la tradition sont d'accord sur cette île, qui existait encore au xiie siècle, et qui s'appelait alors l'*Ile-Saint-Laurent*.

Bononia, d'un autre côté, était située sur la croupe même de cette haute montagne, dont le pied, coupé par la Liane, formait l'île Gesoriacum. Elle fut fondée, selon les uns, par Pédius, lieutenant et parent de César, en 51 avant J.-C. (Malbrancq, l. I, c. 9). Selon les autres, Pédius ne fit qu'entourer de murs en pierres le vaste camp que César avait dû se former pour passer en Angleterre.

C'était donc bien là deux villes distinctes, séparées, l'une d'origine celtique, l'autre d'origine romaine. Chacune avait ses habitants, son nom, et jusqu'à son port, Le port de Gesoriacum était le lit même de la Liane que la mer, comme aujourd'hui encore, faisait déborder en l'emplissant de ses

---

manuscrits coptes, il est appelé *lac de Phiom* (G. Parthey, *Vocab. coptico-lat.*, etc., p. 332). On voit que dans tout cela il n'est nullement question de *lac*, d'*étang*, ni de *mer*.

J'appuie sur ces observations, parce que, selon moi, M. A. Gérard n'a pas assez mis en relief les nombreux défauts de la volumineuse et fatigante histoire de Dom Du Crocq (Catalogue des mss., p. 173). C'est une chronique du moyen-âge écrite au xviiie siècle ; encore est-ce une très-pâle chronique. J'aurai occasion, à propos des Normands, de revenir sur cette question.

eaux. Le port de Bononia, au contraire, s'enfonçait à angle droit dans une coupure de terrain ménagée sur la rive droite de la Liane, contournait les fortifications de la ville et ne s'arrêtait qu'après un coude vis-à-vis la porte actuelle de Calais. (5)

Il ne faudrait pas maintenant, d'après l'examen des localités telles que nous les ont faites les sables et les ingénieurs, se faire une idée des lieux à ces époques reculées. Pendant que la mer s'est peu à peu retirée du port, qu'elle a rendu bien moins large qu'alors, elle a abattu les deux promontoires de Caligula et de Châtillon qui prolongeaient la terre de 1000 mètres au moins dans le détroit, et entre lesquels la Liane, bien plus rapide qu'aujourd'hui, s'ouvrait alors un passage. Le lit de la rivière, la direction du chenal, ont subi de notables changements. L'ancien port s'étendait à l'occident jusqu'aux collines d'Outreau, à l'orient jusqu'au pied du plateau de la haute-ville. Il avait ainsi 1000 mètres en largeur moyenne, sur une profondeur de 5 à 6 kilomètres. (6)

Quant à la manière dont le nom de Gesoriacum s'oublia pour ne laisser subsister que celui de Bononia, elle est assez difficile à déterminer. Pendant trois cents ans en effet les historiens paraissent nommer indifféremment l'une ou l'autre; c'est à Gesoriacum que Caligula vient bâtir le phare (7) dont parle Suétone (Cal., c. 46), que Claudius vient s'em-

---

(5) C'est là un fait certain qui se démontre par toutes les anciennes cartes du pays et dont la tradition a conservé un souvenir très-positif.

(6) Ces mêmes dimensions se sont conservées (à part quelques îles clair-semées dans l'intérieur du port) jusqu'en 1695; on peut consulter à ce sujet le plan du port de Boulogne en 1695, conservé à la bibliothèque publique de notre ville, et revêtu de la signature autographe de Vauban.

(7) Cette tour, haute de 124 pieds, était primitivement assez éloignée de la mer, et bâtie au sommet d'une falaise élevée elle-même de 100 pieds au-dessus des vagues. Mais par suite des envahissements continus de

13

barquer pour aller tailler en pièces les Bretons assemblés sur les bords de la Tamise (Dio Cas., l. LX), que Constantin accourt pour venger la ville prise par ce même Carausius (Eumenius, *Paneg. Const.*), qu'Eutrope nous montre soumis à Maximien, puis se révoltant, puis s'emparant de *Bononia*, faits racontés par Eumenius lui-même, qui nomme à cet effet tantôt le *portus Gesoriacum*, tantôt le *Bononiensis oppidi littus*.— Le premier monument qui nous atteste d'une manière positive un changement fixe dans les noms, est la table de Peutinger (de 393 à 435), dans laquelle nous lisons : *Gesogiago quod nunc Bononia*. Il est probable qu'après un siècle ou deux les deux villes se trouvèrent à l'écart dans le domaine qu'elles s'étaient choisi, que Gesoriacum passa l'Elna sur le pont de Drusus et éparpilla ses maisons sur la rive opposée; que Bononia de son côté franchit les murs de Pédius, et descendant la colline, vint se confondre avec Gesoriacum. Les deux villes n'en formèrent ainsi qu'une, et peu à peu l'appellation *celtique* (8) de Gesoriacum s'oublia,

---

l'océan, la tour se rapprocha peu à peu du bord de cette falaise et finit par tomber bruyamment dans l'eau le 29 juillet 1644. (Voir la dissertation de Monfaucon, t. VI des *Mém. de l'Acad. des Inscriptions et Belles-Lettres*, p. 576.) Parmi les débris, on trouva des médailles de Caligula qui ne laissent aucun doute sur le nom du fondateur. Il est assez remarquable qu'on ait, à deux reprises (en 1745 et en 1829), découvert, *logées dans la maçonnerie même*, des statuettes d'Angénora que le Comte de Caylus (*Recueil d'antiq.*, t. II, p. 282), et M. le Dr. Sichel, malgré M. Letronne (*Revue archéologique*, Leleux, t. II, p. 633, et t. III, p. 224 et suiv.), veulent reconnaître pour cette mystérieuse divinité protectrice de Rome, dont il était défendu, sous peine de mort, de prononcer le nom.

(8) Gesoriacum est en effet reconnu comme un mot d'origine celtique. L'auteur anonyme qui a écrit la vie de Constantin-le-Grand (imprimée par H. de Valois à la suite de son Ammien Marcellin), dit que ce prince arriva à Boulogne, que les Gaulois nommaient *auparavant* Gesoriacum : *venit apud Bononiam quam Galli priùs Gesoriacum vocabant*. Gesoriacum n'est donc pas une corruption de Cœsariacum (Dubuisson, *antiquités du Boulenois*, p. 38), et ne vient pas du grec, ni même du latin (voir

à mesure que la langue, dont Gesoriacum était formée, s'oubliait elle-même.

Il résulte donc de tout ceci :

1° Que Gesoriacum et Bononia sont deux noms *anciens*, appliqués à *deux* villes dont il est fait mention pour la première fois presque immédiatement *après* la naissance de Jésus-Christ, bien que ces deux villes aient été fondées toutes deux *avant* l'ère chrétienne;

2° Que, chez les modernes, Boulogne est la ville ancienne qui, à une époque qu'on peut fixer environ au temps de Constantin-le-Grand, se forma de Gesoriacum et de Bononia réunis.

§ II.

Reste un troisième nom dont votre *Dictionnaire* ne fait même pas mention. C'est celui que la ville possédait *avant* Jésus-Christ, c'est-à-dire du temps de César et de Strabon, qui tous deux *nomment*, comme Pomp. Méla presque leur contemporain, *le port le plus important de la Morinie*, mais l'appellent, non pas du nom ou des noms que nous venons de lui voir, mais d'un nom fort connu, fort cité, celui de *portus Icius*.

Je vous avouerai, Monsieur, que ce n'est pas sans étonnement qu'en ouvrant votre *Dictionnaire* au mot *portus Icius* (3ᵉ édit., p. 899), j'y ai lu le paragraphe suivant :

« Itius, ou Iccius portus, ville de la Gaule (Belgique 2ᵉ), chez les *Morini*, sur le Pas-de-Calais, vis-à-vis de *Dubris* (Douvres), dans la Bretagne. On est incertain sur l'emplacement précis de cette ville. Les uns croient que c'est la ville actuelle de *Calais*; d'autres la placent à *Wissant*, d'autres enfin à *Mardik* »

Henry, *Essai* p. 2.) J'aime mieux l'étymologie celtique *Ges*, bois, *or*, pays, et *iach* sain (pays boisé et salubre, Henry, *Essai* p. 3), quoiqu'il soit fort difficile de rien préciser en fait d'étymologies celtiques.

Comme vous le voyez, il n'est pas dit un mot de Boulogne. Notre ville a pourtant des droits à cette antique célébrité, et des droits qui, bien que contestés, n'en sont pas moins positifs et sérieux. On ne peut pas, en présence d'autorités aussi graves que celles de Scaliger, Nic. Sanson, G. Sommer, Lequien, Pétau, Moréri, Montfaucon, Caylus, D. Bouquet, Cluvier, Bergier, Wastelain, qui tous se sont nettement prononcés pour nous, refuser absolument à Boulogne l'honneur d'être mise au rang des villes que César aurait illustrées de sa présence (voir la note B à la fin du volume); ce serait faire injure aux auteurs que je viens de citer, en même temps que méconnaître la portée de certains documents historiques devant l'attestation desquels il n'est pas permis de fermer les yeux.

C'est ce que la suite prouvera.

Posons d'abord la question.

§ III.

Il s'agit, vous le savez, d'un port considérable de la Morinie que César et Strabon nomment tous deux *portus Icius*.

I. Selon les *Commentaires* (l. IV et V), le port Icius fut le rendez-vous général de la flotte romaine qui porta en Angleterre la deuxième expédition de César, et très-probablement la première.

Cette deuxième expédition était des plus formidables; 800 voiles au moins se trouvaient sous les ordres de César : « *Sed ut posteà Cæsar, ex captivis comperit, quum magnæ manus cò convenissent, multitudine navium perterritæ, quæ cum annotinis privatisque quas sui quisque communi causâ fecerat, ampliùs DCCC unà erant visæ....* (Comm., l. V, c. 8).

Si l'on veut bien maintenant se rappeler les habitudes constantes des Romains en temps de guerre, les camps où ils enfermaient leurs armées même pour une nuit (*Sall.*

Jug. XLV, *Tit.-Liv.* l. XLIV., c. 39), les enceintes fortifiées dont ils entouraient leurs vaisseaux tirés à sec sur la plage (*Tit.-Liv.*, l. XX, c. 9), on concevra que le port Icius devait présenter non seulement un développement d'eau considérable, mais encore des abords étendus, faciles à l'échouement des navires, et tels que tout l'armement *flottant* et *à sec* du système offensif pût facilement être protégé par l'armée de terre campée dans le voisinage. Il fallait donc que ce port fût très-vaste. Aussi César nous apprend-il qu'il avait pour annexe un second port, lequel devait servir à l'embarquement des deux mille cavaliers gaulois qui suivirent l'expédition. Ce second port n'a pas de nom propre ; César le qualifie par un simple adjectif et l'appelle *port supérieur* ou *ultérieur*. Sa position n'est pas plus certaine que son nom. On l'a placé à 8,000 pas du port Icius, parce que les dix-huit navires destinés à la cavalerie avaient été retenus à cette distance par les vents contraires. Mais César ne dit pas que ce lieu fût un port ou une rade (9) ; il indique purement et simplement, sans détermination précise, le port d'embarquement de la cavalerie, qui n'est pas du tout ce lieu où, quelques jours avant, les vaisseaux destinés à la cavalerie avaient été retenus. Il est donc permis de chercher ce port à un endroit quelconque voisin du rendez-vous général.

J'en dirai autant de l'autre port, où, au retour de la première expédition, deux vaisseaux battus par la tempête allèrent aborder : *paulò infrà delatæ sunt*, dit César (l. IV, c. 36). Ici encore le vague du texte latin permet de chercher ce port dans une position voisine, comme l'autre, du port Icius, mais assez rapprochée toutefois, à moins de supposer

---

(9) A 8000 pas N.-E. de Boulogne se trouve la rade Saint-Jean, qui sert de refuge aux navires surpris par les vents contraires. Cette rade est devenue moins utile depuis le nouvel établissement du port de Boulogne (Voir les *Comm*, l. IV, c. 22.)

à l'expression *paulò infrà* une propriété d'élasticité dont elle n'est certainement pas douée dans l'intention de son auteur.

Quant à la *direction* du port Icius, elle était telle que le vent Corus (nord-ouest) était défavorable à la sortie, et que le vent Africus (sud-ouest) permettait l'appareillage. César le dit expressément en mentionnant les vingt-cinq jours pendant lesquels ce vent Corus retarda sa seconde expédition (l. V, c. 7 et 8).

C'est cette seconde expédition qui fut transportée en Angleterre par les 800 voiles que nous avons citées. Cinq légions et deux mille cavaliers gaulois en faisaient partie ; trois légions et deux mille autres cavaliers gaulois furent laissés à terre pour garder le port, *ut portus tueretur* (l. V, c. 8). La première expédition n'était pas si nombreuse : elle ne comportait que deux légions, plus un certain nombre de cavaliers embarqués dans dix-huit vaisseaux de charge. Or, en fixant à 5,200 hommes d'infanterie le complet d'une légion au temps de César (10), on obtient :

Pour la première expédition, 10,400 hommes ;

Pour la seconde, un total de 41,600 hommes, et 45,600 hommes avec les 4,000 Gaulois.

Sur ce nombre, 28,000 hommes suivirent César en Angleterre, et 17,600 restèrent pour *garder le port.*

On voit, par ce seul fait, de quelle importance était le

---

(10) Il serait trop long de discuter ces chiffres à fond ; je les crois aussi près de la vérité que possible. (Voy. dans *les Mémoires de l'Ac. des Inscr.* les dissertations de M. Le Beau sur la légion romaine.) Quand César revint de sa première expédition en Bretagne, deux de ses vaisseaux, sur les soixante-dix qu'il ramenait, furent jetés à la côte et débarquèrent chacun 150 hommes. Cent cinquante hommes par bâtiment donnent 10,500 hommes pour soixante-dix navires, et 10,700 en y ajoutant le nombre probable de soldats tués dans la campagne. Ce chiffre divisé par deux donne à son tour 5,350 hommes pour chacune des légions qui partirent avec César pour la première expédition de la Bretagne.

port Icius, de quel immense *camp* César a dû le protéger, et quelle étendue il devait offrir pour que le général romain ait pu le trouver *très-commode, commodissimus* (l. V, c. 2).

Reste à établir la distance du port Icius à la côte anglaise. Cette distance était, selon César, de 30,000 pas, ou, en donnant au pas 1^{m}4725, selon M. Saigey, de 44,175 mètres. *Quo ex portu*, dit le texte, *commodissimum in britanniam trajectum esse cognoverat, circiter millium passuum à continenti* (l. V,c. 2). Ce passage est positif : ce port n'est pas le plus commode *parce qu'il* est le plus rapproché ; il est le plus commode à cause des vents régnants, des courants, des hauteurs d'eau. Après cela, qu'il y ait eu un ou deux autres ports plus *rapprochés*, cela ne prouve rien, s'ils n'étaient pas plus *commodes*. Aujourd'hui encore le trajet le plus ordinaire du détroit s'opère par Boulogne et Calais, quand il se ferait certainement mieux par Sangatte, Wissant, Audresselles, Ambleteuse, quatre ports plus près de Douvres que Calais et Boulogne, mais moins profonds, moins *commodes*. César dit bien quelque part qu'il vint dans la Morinie, où se trouve le *plus court* trajet pour l'Angleterre : *ipse cum omnibus copiis in Morinos proficiscitur, quod indè erat brevissimus in Britanniam trajectus* (l. IV, c. 5). Mais lorsque César écrivit ces lignes,—et ses *Commentaires* ne sont que des *éphémérides*, ἐφημερίδας, comme Plutarque les appelle (Plut. dans *Cæsar*, c. 22), écrites sous la tente, quelquefois même dans la nuit (Ammien Marcellin, l. XXV), sous l'impression des événements du jour ;—quand donc César écrivit ces lignes, il n'avait pas encore vu le pays ; il savait que la Morinie en général est la contrée de la Gaule la plus rapprochée de la Bretagne, et il mentionne cette contrée comme devant fournir un port d'embarquement *très-voisin* de l'Angleterre. Quand ensuite il visita les lieux, ce n'est plus le trajet *brevissimus* qu'il cite, c'est le trajet *commodissimus*, et rien n'indique qu'*après examen des localités* César ait choisi le plus rapproché de tous les ports uniquement à cause de sa position et sans égard pour la commodité et la sûreté de sa flotte. Il ne faut donc pas attribuer au mot *brevissimus* une exactitude et une importance qu'il n'a pas; la seule chose qu'on puisse raisonnablement conclure des divers textes cités plus haut, c'est que César se sera le plus possible approché de la Bretagne en s'efforçant de concilier les distances avec l'intérêt et la sûreté de ses vaisseaux et de son armée.

Telles sont les données fournies par César.

II. Selon Strabon,—« il y a quatre endroits où l'on s'embarque ordinairement pour passer du continent à l'île de Bretagne; ce sont les embouchures du Rhin, de la Seine, de la Loire et de la Garonne. Cependant, ceux qui partent du premier de ces endroits s'embarquent non pas précisément aux embouchures du Rhin, mais dans le pays des Morins qui confinent aux Ménapiens, et chez lesquels on trouve le port Icius, où César rassembla sa flotte pour passer dans l'île de Bretagne. Il en partit de nuit, et y aborda le lendemain à la quatrième heure après le lever du soleil, faisant pendant cet espace de temps la traversée de 320 stades qui séparent la Gaule de l'île de Bretagne. » (*Géogr.*, l. IV, c. 5.) Or le stade vaut, selon M. Saigey, 180 de nos mètres; la distance à parcourir était donc de 57,600 mètres, ou 39,179 pas de César.

III. Après César et Strabon, aucun auteur ne nomme Itius. Ce port semble détruit, anéanti, et on le trouve, *du temps de Strabon*, remplacé subitement par le *Gesoriacum portus*, d'où l'on passe du continent à l'île de Bretagne, et qui est le plus célèbre port de toutes les côtes occidentales et septentrionales de la Gaule : « *Nec portu*, ajoute Pomp.-Méla (l. III, c. 2), *quem Gesoriacum vocant, quicquam habent notius.* » D'Itius, il n'en est pas plus question que si ce port n'avait pas été le quartier-général d'un armement célèbre et formidable. Bien plus, vingt-cinq ans seulement après César,

Agrippa fait construire une voie qui doit relier l'Italie à la Bretagne, et loin de la faire aboutir à ce port Icius, si *commode*, si *vaste*, si *célèbre*, c'est Gesoriacum qu'il choisit, donnant ainsi le démenti le plus positif et le plus inexplicable à l'assertion de Strabon, ainsi qu'aux éloges et aux recommandations du conquérant des Gaules. Viennent ensuite Caligula, Claude, Constantin, et c'est toujours à Gesoriacum qu'ils s'embarquent, et jamais *une seule fois* à Icius. Icius n'était donc pas aussi *commode* que César voulait bien le dire, ou bien en passant sous la domination romaine Icius n'aura-t-il pas changé de nom et pris celui du *pagus Gesoriacus*, dont il était la capitale? C'est ce qu'il convient d'examiner.

Disons pourtant que le géographe Ptolémée écrit une fois Icius ; mais c'est pour appliquer ce nom propre à un promontoire *situé à l'ouest de Gesoriacum et voisin* de notre ville, puisqu'il donne à l'Ἴκιον ἄκρον (*Itium promontorium*) la même latitude qu'au Γισορρίαχον ἐπίνειον Μορινῶν (*Gisoriacum navale Morinorum*), en faisant varier toutefois la longitude de 45 minutes.

Toute la question réside donc dans la détermination la plus exacte possible de l'emplacement du port Icius au moyen des données que nous fournit l'examen sérieux et raisonné

      Des étymologies,
      Des distances,
      Des lieux et antiquités,
      Des textes anciens.

§ IV.

Malheureusement tous les auteurs modernes qui ont écrit sur la géographie du nord de la Gaule ne se sont pas assez appuyés sur les arguments positifs et exacts qu'on peut tirer de ces sources, et souvent, faute de guide sûr, ils se sont égarés. On ne peut expliquer autrement l'étonnante diversité d'opinions émises, malgré tout ce que l'examen approfondi de la question présente de certain, sur le point qui nous occupe. Ainsi il s'est trouvé des écrivains qui ont placé Icius à Gand (Martin Bécan, dans ses *Antiq. flam.*), quoique Gand soit distant de Douvres de 165 mille mètres; à Bruges (Robert Gaguin, cité dans les *Annales de Calais* de Bernard), distant de Douvres de 127 mille mètres; à l'Ecluse (Alb. Krantz, cité dans les *Annales de Calais*), éloigné de la Bretagne de 132 mille mètres; à St.-Omer (Ortelius, dans sa carte du Belgium); à Mardick (Chifflet), sous prétexte que Mardick peut venir de Mardiccius, bien que, ni à Mardick, séparé du cap Cantium par une distance de 63 kilomètres, ni à l'Ecluse, ni à Bruges, ni à Gand, ni à St.-Omer, les circonstances locales ne s'accordent avec les textes anciens et les renseignements certains fournis par ces textes. Il n'y a pas jusqu'à Dieppe dont Pont-Heuter (*Antiq. des Belges*) n'ait voulu faire Itius, parce que Gesoriacum est, selon lui, le port Icius, et qu'au lieu de Gesoriacum il faut lire partout *Essuariacum navale*, correction fort simple et fort naïve, bien propre surtout à restituer à la ville de Dieppe tous ses droits à une célébrité que l'unanimité des écrivains lui refuse. (11)

Quant aux prétentions de Calais, il fallait s'attendre à les voir se produire parmi les premières. Calais a joui pendant trop long-temps du passage presque exclusif du détroit; Calais est trop près de Douvres pour qu'on n'ait pas cherché à diverses reprises à en faire le port de César. Rien en effet ne semble plus facile à déterminer : Calais pourrait venir de *Calicius* (Marlianus, cité par Ducange, Fulv. Ursinus, cité par Henry), et en arrangeant cette

---

(11) Nous n'avons pas ici les œuvres de Pont-Heuter. Aussi je laisse la responsabilité de cette *correction* à Dom Du Crocq (*Recherches,* p. 109).

preuve avec quelques autres petites *preuves* locales communes à Calais, à Wissant et à Boulogne, on arrive à une démonstration suffisamment établie. Lefebvre (*Histoire de Calais*), Bernard (*Annales de Calais*), Georges L'Apostre et autres n'ont pas autrement raisonné. Malheureusement *Calicius* n'est qu'un barbarisme commode, car le nom latin de Calais est *Caletum* ou *Casletum*; encore le premier est-il du latin des moines de St.-Bertin, et le second de Lambert d'Ardres. Bien plus, on ne trouve et on n'a jamais trouvé dans le sol *nouveau* de cette ville aucun vestige d'antiquité qui atteste le séjour d'une armée ou l'emplacement d'une ville romaine. Le sort de Calais, avant le ixe siècle, est enveloppé dans le plus épais brouillard, et tout, à l'inspection des lieux, donne raison à ceux de nos historiens (et de Lefebvre lui-même, dans son *Hist. de Calais*, p. 134) qui font du terrain sur lequel cette ville est posée un sol neuf, formé quelques siècles après César, et conquis par les vents, par les sables, par les courants, sur les eaux du détroit.

Toute la question n'est donc plus qu'entre Boulogne et Wissant (12), et les droits de ces villes sont en effet les seuls qui résistent à un examen approfondi. Je vous demanderai, Monsieur, la permission de vous les produire, et de la discussion qui va suivre naîtra en vous la conviction que si Boulogne n'est pas jusqu'à l'évidence le port Icius, cette ville a au moins des prétentions aussi légitimes que les autres à revendiquer un honneur que votre *Dictionnaire* lui refuse.

Comme je l'ai dit, nous pouvons tirer nos données principales des étymologies, des distances, des lieux et des textes.

---

(12) Au congrès scientifique tenu à Poitiers en 1834, on proposa de mettre au concours la question du Port Icius, mais en la réduisant à deux localités, Boulogne et Wissant.

§ V.

Des Etymologies.

Les partisans de Wissant n'ont pas manqué, on le pense bien, de retrouver Icius dans le nom actuel de ce village.

Wissant, selon Ducange (p. 25 de la dissertation manuscrite de la Bibl. pub. de Boul.), *aurait pu avoir* pour nom gaulois *Wits*, *Wic*, ou *Wiss*. Dans l'impossibilité où était César d'écrire et de prononcer le W, il l'a supprimé, et écrit *Its*, *Ic*, *Iss*, et avec la terminaison latine *Itius*, *Icius*, *Ictius*. Wissant serait ensuite venu lui-même du *Wits*, *Wic*, ou *Wiss* ancien, auquel les habitants du pays auraient ajouté la désinence *an* qui « est commune à beaucoup de noms de places et de familles du Boulonnais » (p. 30).— Malheureusement Ducange ne croit pas lui-même à son étymologie, car il ajoute : « J'avoue qu'il est malaisé de montrer quelque chose de certain dans ces étymologies ; aussi je ne prétends pas m'arrester à celle que quelques-uns donnent à l'Itius portus, qu'ils dérivent *ab Itando*, parce qu'on s'y embarquait pour aller en Angleterre, etc. » (p. 29). On ne pourrait pas être plus sincère, si Ducange eût ajouté que le nom *supposé* de *Wits*, *Wic* ou *Wiss* n'est autorisé par aucun texte ancien ni moderne.

D'un autre côté, les partisans des autres ports ne se sont pas non plus fait faute de retrouver Icius, Chifflet dans Mardick, Sanson dans Gesoriacum, A. de Valois dans Quantavicus, Marlianus dans Calais, et Pont-Heuter dans Essuariacum. Un petit village, assis agréablement sur la rive gauche de la Liane, à quelques pas de Boulogne et de l'embouchure de cette rivière, annonce même des prétentions à porter encore le nom de l'Icius de César ; c'est le village d'Isques, nom moderne qui paraît être un dérivé assez naturel du substantif latin. Interrogez les habitants de ce village, et ils vous diront que la tradition du passage de César est encore vivante parmi eux; que la mer montait autrefois jusqu'à Isques, comme elle y monterait encore maintenant sans les moulins à eau du Pont-de-Briques et le Pont de l'Écluse de Boulogne, et que le lit de la Liane, bien plus large et plus profond qu'aujourd'hui, formait un port d'un abord facile et d'autant plus sûr qu'il était protégé du vent par les côteaux voisins. Voilà ce que vous dira la tradition conservée à Isques. (13)

Mais ni Chifflet, ni Sanson, ni A. de Valois, ni Ducange, ni Marlianus, ni Pont-Heuter n'ont raison contre le bon sens; car il est de toute évidence qu'Icius ne se retrouve dans aucun des noms de villes cités plus haut, pas même dans Isques, malgré une certaine apparence de vérité, pas même dans Wissant, malgré Ducange et son ingénieuse étymologie.

Isques en effet n'a que son nom pour lui, et, à tous autres égards, ses prétentions ne sont pas soutenables.

Voici maintenant toute la vérité sur l'étymologie du mot Wissant; cette rectification nous fournira l'occasion de déterminer nettement l'origine d'un nombre considérable de villages du Boulonnais.

L'histoire nous a conservé le souvenir des incursions des peuplades saxonnes sur les côtes septentrionales de la Gaule. Ammien Marcellin (l. XXVII, c. 8), Zosime (l. III), Grégoire de Tours (c. 43), St. Jérôme (*epistola ad Ageruchiam*), mentionnent ces incursions, au sujet desquelles St. Jérôme rappelle même les luttes violentes des Morins contre les Barbares. Peu fréquentes dans le principe, elles étaient déjà, dès le IIIe siècle, si souvent répétées qu'une flotte fut équipée à Boulogne pour combattre ces nouveaux ennemis. (Eumen. *Paneg. Const.*)

Il ne paraît pas cependant que, jusqu'à la grande invasion

---

(13) Isques, sous le nom d'*Iska*, existait avant les incursions des Normands au IXe siècle (Harbaville, *Mémorial hist. et archéol.*, t. II, p. 80).

du v⁰ siècle, aucun établissement ait été tenté sur notre littoral par les Saxons; les monuments antérieurs à cette époque ne nous fournissent pas de détail à ce sujet. Mais à partir du v⁰ siècle les annales contemporaines commencent à nous faire connaître quelques localités du nord de la Gaule dont les noms accusent une origine saxonne, et par suite attestent l'établissement de quelques familles de cette nation dans le pays où l'on trouve ces localités. La philologie nous amène ainsi à la *découverte* d'un fait historique important.

Le point de départ de ces établissements est donc bien fixé par l'époque même à laquelle l'étude des étymologies commence à les constater. C'est cette même étude qui nous conduira à la découverte du temps auquel ils cessèrent. En effet, à mesure que les chroniques se rapprochent de nous, ces noms se produisent de plus en plus fréquemment jusqu'aux quatre ou cinq premières années du IX⁰ siècle, époque à laquelle *aucun nom nouveau ne se rencontre.*

L'examen des chroniques nous fournit donc les deux points extrêmes entre lesquels est comprise la fondation des villages innombrables en *ghen*, en *ove*, en *oël*, en *erke*, de la Flandre et surtout du Boulonnais (14). Le premier de ces points est fixé au v⁰ siècle, le second au commencement du

---

(14) Le Boulonnais en est en effet couvert ; ce n'est pas trop dire qu'on les compte par centaines. Tels sont, dans un rayon de quelques kilomètres seulement autour de Boulogne : Echinghen *(Eschinguehem)*, Audembert *(Audimbrock)*, Audinghen *(Audenghehem)*, Bazinghen *(Beisinghem)*, Ervelinghen *(Everlinghehem)*, Tardinghen *(Tordeghem)*, Halinghen *(Hallinghehem)*, Hesdigneul *(Hesdinoel)*, Ostrohove, et cent autres villages dont les noms se composent d'éléments incontestablement *germaniques*, non pas *celtiques*, comme l'avance Henry.

Tels sont encore Wissand *(White sand)*, opposé à Sandwich *(Sandwhite)*, Sangatte *(Sand* sable, *gate* porte), identique à Margate, en Angleterre *(barrière de la mer)*, et à Mardick *(digue de la mer)*; puis Wimille *(Wind-mill,* moulin à vent), Bréquercque *(Break-reck,* lieu de naufrage), Bréquenecque *(Break-neck,* casse-cou, lieu dangereux), et au

ixe.—Or, justement à cette époque (en 804), Charlemagne ordonna la translation en France (*Ann. Franc., Chron. d'Addon, Chron. de Sigebert*, etc.), et surtout en Flandre (*Chron. de St.-Denis, sur les gestes de Charlem.*, l. II, c. 2), de dix mille familles saxonnes (15). L'existence de tous nos villages *saxons* se trouve donc ainsi expliquée d'un côté par des migrations partielles opérées avant la fin des guerres de Saxe, depuis une époque que les chroniques nous permettent de fixer au ve siècle, de l'autre côté par l'arrivée soudaine en 804 d'un grand nombre de familles saxonnes transportées en France par Charlemagne. (16)

C'est dans la période comprise entre ces deux époques qu'il faut placer la fondation de Wissant, qui, par son nom

---

tres noms propres tirés, comme les autres, de l'anglo-saxon, qui forme, avec le hollandais, une des ramifications du plat allemand, lequel est lui-même une branche de cette vieille langue teutonique, fille reconnue du sanskrit.

Voyez d'ailleurs sur l'orthographe ancienne de ces mots le manuscrit de Godefroy conservé à la préfecture d'Arras (*Inventaire chronol. des chartes des comtes d'Artois de 1102 à 1287*), Malbranck et Harbaville (*Mémorial hist. et archéol. du Pas de-Calais*).

(15) Le P. Daniel, dans son *Histoire de France* (t. II, p. 138), rapporte la même chose d'après l'histoire Meyer, qui lui même s'appuie sur une tradition flamande du temps de Philippe de Valois.

(16) Tout porte à croire cependant que la presque totalité de ces villages remonte à l'année 804. En effet, si l'on jette les yeux sur la zone qui s'étend des bords de l'Escaut aux rives de la Manche jusqu'à l'embouchure de la Somme, on verra tous ces villages aux désinences germaniques, assez clair semés dans le Brabant, plus nombreux dans la Flandre, se rencontrer à *chaque pas* dans le Boulonnais. Ils deviennent ainsi de plus en plus nombreux à mesure qu'on avance de l'est dans l'ouest, et semblent marquer la route d'une bande de Saxons qui aurait quitté les bords de l'Elbe, aurait marché vers l'occident tout en laissant sur son chemin une traînée de villages, et ne se serait arrêtée que sur les bords de la Manche, où elle se serait définitivement établie.—Les monuments contemporains ne nous ont, d'un autre côté, transmis les noms

germanique, appartient à la catégorie des villages dont nous nous occupons.

Wit blanc, et *sand* sable, ont en effet formé ce nom, tiré de la nature même des dunes de Wissant, qui sont d'une blancheur éclatante. Quand la philologie ne constaterait pas ce fait, nous le trouverions prouvé par le témoignage d'un auteur du moyen-âge; c'est Lambert d'Ardres qui dit, à la page 3 de son *Hist. des Comtes de Guînes :* « Britannicum *secùs portum,* dit-il, *qui ab albedine arenæ vulgari nomine appellatur* Witsand. »

Il est donc bien constant, par l'étymologie seule de son nom, que Wissant n'a été fondé que long-temps après César, et tous les efforts tentés pour retrouver Icius dans Wissant sont et resteront superflus.

Le nom de Wissant, d'ailleurs, est absolument identique (sauf l'inversion) à celui de *Sandwich*, ville de la côte anglaise, laquelle n'est certainement pas Icius et n'a pas même la prétention d'en conserver le nom, quoique son nom moderne, comme celui de Wissant, signifie *dunes blanches.*

La preuve des étymologies n'est par conséquent qu'une preuve négative.

§ VI.

Des distances.

On peut en dire autant des distances.

Six auteurs anciens nous font connaître la longueur du trajet ordinaire de la Gaule à l'île de Bretagne.

---

dont il sagit que postérieurement à l'année 804 pour l'immense majorité d'entre eux. A peine en trouve-t-on ça et là cinq ou six, cités dans les trois siècles qui ont précédé le grand événement que nous venons de mentionner.

Deux de ces auteurs nous donnent leur distance comme la moindre largeur du détroit. C'est d'abord Dion Cassius, qui fixe cette distance à 56,000 pas (l. XXXIX), c'est-à-dire, en comptant avec M. Saigey, 1m 4725 pour un pas, à 82,400m; puis Strabon, qui la fixe à 320 stades (17) ou à 56,600m, comme nous l'avons vu. Or, la véritable largeur du détroit n'est que de 34,000 mètres.

Pline, d'un autre côté, mentionne aussi la moindre largeur du détroit, mais dans la longitude de Gesoriacum : « *abest* (Britannia insula) *à Gesoriaco, Morinorum gentis littore, proximo trajectu, quinquaginta M.* (Plin., l. IV, c. 30). Cinquante mille pas équivalent à 73,625 de nos mètres ; on voit que Pline n'est pas plus d'accord avec la distance réelle que Strabon et Dion Cassius, puisque la moindre largeur du détroit, à Boulogne, est de 48,000 mètres environ.

Quant à César, il entend la distance du port Icius à Douvres, contre les falaises duquel il alla donner, et il fait cette distance de 30,000 pas, ou de 44,175m. Or, de Wissant à Douvres, il y a 35,000 mètres, et de Boulogne à la même ville 48,000m. C'est donc Boulogne qui approche le plus de la mesure indiquée par le texte des *Commentaires*, surtout si on retranche de ces 48,000m les 2,000 mètres de terrain que la mer a engloutis, ce qui réduit à 46,000m la distance de Gesoriacum à Dubris au temps de César. Ajoutez à cela le vague que fait régner sur la phrase le *circiter* du texte

---

(17) Il eût fallu un véritable miracle pour que Strabon rencontrât juste, car cet écrivain avait les plus étranges idées sur le détroit qui nous occupe en ce moment.

Il se figurait en effet que « le trajet, depuis les fleuves de la Gaule jusqu'à l'île de Bretagne, est de 320 stades » (l. IV, c. 3). Or, par fleuves il entend ici le Rhin, la Seine, la Loire et la Garonne. Si Strabon a pu se tromper à un tel point, rien ne doit étonner dans une erreur de quelques stades sur une distance qu'il ne connaissait évidemment pas.

latin, et vous verrez qu'après tout les indications du général romain se trouvent être *assez justes* si l'on place le port Icius à Boulogne, tandis qu'elles sont *très-inexactes* si on le place à Wissant.

Restent deux autres auteurs, Aethicus et l'auteur de l'*Itinéraire d'Antonin*. Mais nous n'avons pas à nous occuper d'eux, parce que, en fixant positivement les points extrêmes de la ligne qui part de Gesoriacum et aboutit à *Rutupiæ*, que Danville croit être Richborrow *(Mém. sur le port Icius*, t. XXVIII des *mém. de l'Ac. des Insc.*, p. 401), ils se sont mis en dehors de notre question.

De tout cela il résulte donc que les données fournies, quant aux distances, par les textes anciens, sont assez vagues pour que nous ne puissions rien conclure avec certitude pour l'un ou l'autre port.

Toutefois il est bon de faire observer que c'est Boulogne qui approche le plus des distances mentionnées par celui des auteurs latins qui a pu le mieux observer ces distances. (18)

§ VII.

Des lieux et antiquités.

Des lieux. Les caps Blanez et Grinez, à peine distants l'un de l'autre de six à sept kilomètres, sont joints par une ligne de côtes dont la courbe régulière et rentrante forme une petite baie tranquille au fond de laquelle on trouve Wissant.

Wissant n'est plus une ville ; c'est tout au plus un village, c'est plutôt un hameau égaré dans un désert de sables. Des

---

(18) Voir la dissertation comprise dans le c. 11 du traité *de portu Icio* de N. Sanson (p. 197 du manuscrit de Boulogne). Voir aussi la dissertation de Danville et celle de Lequien.

ruines gisantes étonnent moins que cette vaste solitude sablonneuse, où l'œil cherche en vain l'emplacement d'une ville commerçante et le tracé, même incertain, d'un port abandonné. Wissant n'a rien conservé de son ancienne splendeur, pas même des ruines ; tout a disparu, ses remparts, ses églises, sa citadelle, jusqu'à la moindre pierre.

Cette ville a pourtant été florissante, et son histoire n'est pas une des moins intéressantes de celles de nos villes du nord de la France.

Deux époques distinctes s'y reconnaissent. La première embrasse la période comprise entre 556 (19) et 938 ; c'est le temps où Wissant n'avait pas encore de port proprement dit, mais faisait servir à cet usage l'embouchure du petit ruisseau qui traverse la ville (20). Quand j'aurai dit que ce

---

(19) C'est la date la plus ancienne qu'on puisse citer dans l'histoire de Wissant ; encore cette date nous est-elle donnée dans la *Vie de Saint-Vulgan*, insérée dans l'*Histoire de l'abbaye de Saint-Ouen* du P. Pommeraye, laquelle a été écrite au XVII° siècle. Le P. Pommeraye l'a prise lui-même de Malbrancq (l. II, c. 54). Dom Jean d'Ypres, abbé de Saint-Bertin, mentionne le nom de Wissant à l'année 668.

(20) Les gens du pays nomment ce ruisseau le *Rieu de Sombre*; il est ainsi appelé dans la carte jointe aux *Dissertations* de l'abbé de Fontenu *sur quelques camps de César* (4° partie, *mém. de l'Ac. des Inscr.*, t. XIII, p. 440). Mais je n'admets pas, comme cet auteur, que toute la partie aujourd'hui comblée par les sables, et située à l'ouest de Wissant, soit l'ancien port de cette ville (voir la carte). Wissant avait évidemment pour port l'embouchure du *Rieu de Sombre* augmentée, élargie, creusée ; c'est pour protéger cette embouchure qu'a été construit le fort attribué à César, qui aurait été complètement inutile en plaçant le port autre part ; d'ailleurs la tradition locale, quoi qu'en dise Lequien (*Diss. sur le port Icius*), est formelle à ce sujet, et des pierres taillées et alignées, mises au jour par un des derniers coups de vent, rendent ce fait certain. La ville elle-même était, selon toute vraisemblance, située à l'est du port, sur un emplacement qu'indiquent des dunes élevées, sous lesquelles, avec des fouilles, on retrouverait des maisons.

Quant aux dunes situées à l'ouest de la ville, en avant des hautes fa-

ruisseau compte à peine douze cents pas de parcours, on concevra qu'il ne devait pas former à son embouchure un hâvre bien large, quoiqu'il dût être assez commode à cause de sa proximité de l'Angleterre et en raison du très-petit nombre de navires, ou plutôt de barques, que le commerce restreint (21) de cette époque y amenait.

La seconde période commence où finit la première, c'est-à-dire à l'époque où des travaux sont entrepris pour faire de Wissant un port en partie artificiel, agrandi de main d'hommes, et capable de contenir un certain nombre de navires. En 938, Louis d'Outremer ordonna ces travaux, et de cette époque date la prospérité de la ville (*Chr. de Flodoard, ann.* 938). C'est à Wissant qu'Ethelred II, chassé par Suénon (1013), vient débarquer (Brompton, p. 892) ; qu'Alfred, frère d'Édouard-le-Confesseur, s'embarque (Guill. de Jumièges, l. VI, c. 9) ; que le comte de Mortain équipe une flotte contre l'Angleterre (*Gevas. Dorobern,* p. 1581, *cité par* Ducange, *Diss.*) ; que des personnages célèbres de toutes les nations et de tous les états s'arrêtent, depuis Guillaume-le-Roux, Robert, comte de Leicester, et Louis-le-Jeune, qui y met à la voile pour

---

laises qui bordaient autrefois la mer, elles se sont formées, comme celles de l'est, depuis la destruction opérée par Edouard III. Mais celles-là ne recouvrent pas de ruines ; le temps les a peu à peu amoncelées au pied des falaises, et aujourd'hui elles refoulent tous les jours les eaux de la mer et tendent incessamment à réunir par une ligne droite les caps Blanez et Grinez. Il est de toute évidence, à l'inspection des lieux, qu'elles ne peuvent tenir la place d'un ancien port.

Il faut donc, malgré tout, placer le port de Wissant à l'embouchure du *Rieu de Sombre*. Si c'est là le port de César, on conviendra qu'il ne fallait pas un détachement de 17,600 hommes pour défendre quelques mètres carrés d'eau. Nous verrons tout-à-l'heure que le prétendu camp de César, où on logeait ces 17,600 hommes, pouvait tout au plus contenir 400 soldats.

(21) Je parle ici de celui que l'on faisait au vi[e] siècle, c'est-à-dire après l'invasion des Barbares. Avant cette époque ; le commerce des habi-

aller en pèlerinage au tombeau de Thomas Becquet, jusqu'à Jean de Bailleul, qui y débarque, et Edouard III, qui, en 1346, s'empare de cette ville et en fait le dépôt principal de ses approvisionnements (voir Lambert d'Ardres, Malbrancq, Brompton, Froissart, etc.) Malheureusement cette seconde période dura peu, et l'année même de la prise de Calais (1346), Wissant fut détruit de fond en comble.

On voit que Wissant, bien que fondé par les premiers pirates saxons qu'attira sur nos côtes la fertilité du pays, n'eut guère de port véritable avant le milieu du xe siècle, et que, jusque là, il avait dû se suffire avec le port naturel formé par l'embouchure du petit *Rieu de Sombre*, port d'autant moins utile que ceux de Sangatte et d'Ambleteuse étaient déjà florissants (Bède, *Hist. ecclés.*, Marin Bailleul, l. IV, c. 1), et que celui de Boulogne, agrandi, réparé incessamment par Auguste (*lot. cit.*), par Claude (Suét. *in Claud.*), par Charlemagne *(Ann.* de Metz, ann. 811 ; *Chron. d'*Addon, etc.), servait, si l'on en croyait les écrivains anciens, de port unique d'embarquement.

Or César, à son arrivée dans les Gaules, ne trouva certainement pas Wissant bâti ; encore moins trouva-t-il, s'il y vint, son port autrement formé que par la nature. Ce devait être purement et simplement l'embouchure du petit ruisseau dont nous venons de parler, et la conformation actuelle du local, le gisement des terres, assignent à ce port un maximum d'étendue fort restreint, et de toute évidence insuffisant pour les 800 voiles que César assembla au port Icius.

---

tants du nord de la Gaule avec les Bretons était assez étendu. César *(Comm.*, l. IV, c. 20), Strabon (l. IV), en font mention. Mais il a dû considérablement diminuer à l'arrivée des pirates du Nord dont nous avons reconnu plus haut la trace. Il ne faut pas non plus oublier que quatre ou cinq ports se partageaient ce commerce, et que Wissant ne devait ainsi profiter que des faibles avantages d'une quatrième ou cinquième part.

Ajoutez à cela que la Canche à Quantavicus, la Liane à Gesoriacum, la Slacq à Ambleteuse, formaient déjà des ports plus grands, plus commodes que celui de Wissant, et presque aussi près de la côte anglaise. On conçoit maintenant que, de tous les ports que César pouvait choisir sur les bords de la Morinie, celui de Wissant était le dernier auquel il dût songer. Wissant n'est donc pas Icius.

Henry lui-même a si bien senti la portée de cet argument (quoiqu'il se garde bien de le produire), qu'il supplée à l'insuffisance de son port Icius en faisant *échouer* les 800 navires de César *sur la plage*, en dehors et de chaque côté du port; l'anse de Wissant tout entière était ainsi le port Icius. Je voudrais pour beaucoup que cela fût ainsi; mais il y avait, du temps des Romains, comme aujourd'hui, une différence très-marquée entre un port et une anse, et César n'aurait pas appelé *portus*, nom commun aux ports formés de main d'homme et aux embouchures de rivière (22), ce qui était réellement un *sinus*. D'ailleurs les Romains avaient un tout autre système de protection à l'égard de leurs troupes et de leur matériel, et jamais ils n'auraient laissé une flotte, comme celle de César, échouée sur une plage *nue*, exposée aux vents, aux flots, aux variations des marées, et surtout aux incursions des Morins, parmi lesquels César trouvait encore des ennemis. Les locaux, au contraire, étaient choisis avec un soin extrême, et toutes les précautions étaient prises pour assurer la sécurité de la flotte.

Un fait me paraît au surplus trancher la question : c'est la *mise à sec des vaisseaux* après le retour à Icius (*Comm.*,

---

(22) Ovide appelle les sept bouches du Nil *septem portus:*
« Per septem Nilus portus emissus in æquor
Exuit insanæ pellicis ora bovi. »
(*Heroid.* XIV. 107).

l. IV, c. 21). Or ceci ne peut s'entendre que d'un véritable camp naval, construit selon toutes les règles, c'est-à-dire divisé par quartiers, flanqué de palissades, entouré d'un large fossé (Tit.-Liv., l. XXXVI, c. 45, et XXIII, c. 28), protégé enfin, défendu avec toutes les ressources qu'offrait à César sa longue pratique de la castramétation. Pour que César ait jugé Icius très-commode, *commodissimus*, il faut donc qu'il y ait trouvé de grandes facilités pour la disposition de ses vaisseaux, l'approvisionnement de ses troupes et la formation de ce camp naval. César a-t-il trouvé ces facilités, cette sécurité, sur la plage de Wissant? J'en doute.

J'ai déjà dit que le port de Wissant n'eût pu suffire à de tels besoins, et qu'en attribuant à ce port la plus vaste étendue que la topographie actuelle permette de lui donner, tout en tenant compte des bouleversements locaux, on n'arrive jamais qu'à un maximum de surface très-restreint pour un port destiné à abriter une flotte immense. Gesoriacum offrait au contraire à César les avantages d'un hâvre sûr et vaste, et si l'on veut bien se rappeler ce que j'ai dit plus haut de l'étendue de son port, on se convaincra de suite que, s'il y a quelque probabilité à déduire de l'état des lieux, tout se réunit en faveur de Boulogne. Le *Gesoriacum navale* sera donc l'Icius de César.

Là le général romain rangera ses 800 voiles, que l'étendue du chenal lui permet d'enfermer facilement dans les retranchements habituels; là il sera retenu vingt-cinq jours par le vent Corus, c'est-à-dire par le vent qui soufflait alors en côte et prenait les navires vent debout à la sortie du port; de là il partira avec le vent Africus, le même qui, encore aujourd'hui, est le plus favorable à la traversée de Boulogne à Douvres. Rien n'empêche ensuite que ce port supépérieur ou ultérieur, annexe du port Icius, comme nous l'avons vu, ne soit le port même de Bononia, qui n'avait pas de nom alors, parce que Bononia n'était pas fondée, et que César, ainsi que je l'ai fait observer, désigne par un simple adjectif, au lieu du nom propre qu'il eût appliqué à un véritable port situé plus loin sur la côte. Tout ainsi n'est-il pas simple et net? L'expédition de César, au lieu de se trouver, comme elle l'eût été à Wissant, exposée sur une plage ouverte aux atteintes des flots et des ennemis, se concentre dans le même port; au lieu de se disséminer sur plusieurs points, elle se réunit dans la même enceinte, et en se centralisant elle augmente ses forces, souvent compromises par les révoltes fréquentes d'un pays mal soumis.

Des antiquités.—La question des antiquités comparées de Wissant et de Boulogne est très-délicate. On a si souvent répété que les ouvrages de fortification de Wissant sont des ouvrages romains, depuis Lequien, qui a mis cette opinion à la mode (23), jusqu'à Henry, qui l'a parmi nous de plus en plus accréditée, qu'il sera peut-être difficile non pas de prouver, mais de persuader le contraire.

Il existe en effet quelques *antiquités* à Wissant. Ce sont, d'une part, un *camp* dit *de César* et quelques *mottes* retranchées; de l'autre une voie antique dont la trace se reconnaît, et que les gens du pays appellent *Chaussée de Brunehaut.*

Nous allons d'abord voir le camp et les *mottes;* nous en viendrons ensuite à la voie ferrée.

I. Le camp et les mottes, au nombre de deux, bordent l'ancienne falaise, celle-là même au pied de laquelle se sont depuis cinq siècles amoncelés les sables dont nous parlions tout-à-l'heure. Quand on suit la route qui mène, par la côte, de Boulogne à Wissant, on rencontre ces travaux de fortification dans l'ordre suivant : d'abord la *Motte*

---

(23) C'est ce que constate l'abbé de Fontenu lui-même dans sa *Description du camp de Wissant.* (*Loco. citat.*, p. 414.)

du Bourg, élévation irrégulière, tronquée au sommet de manière à former un plateau de 60 mètres de long sur différentes largeurs. Vient ensuite, à peu de distance, la *Motte du Vent*, seconde élévation, mais plus irrégulière encore que la première, et entourée, comme la *Motte du Bourg*, de fossés peu profonds. Enfin de l'autre côté du *Rieu de Sombre*, on trouve, non pas sur une montagne *très-élevée*, comme le veut l'abbé de Fontenu (p. 414 du vol. cité), mais sur une très-faible éminence, le fameux *camp de César*.

Il est ovoïde, à une seule entrée, et protégé d'abord par des fossés encore profonds (24), puis, dans un rayon de 10 mètres, par une levée artificielle sans fossé, aujourd'hui interrompue en plusieurs endroits. Au rebours de toutes les mottes environnantes, il est dans un état de conservation tout-à-fait remarquable ; seulement le niveau du rez-de-chaussée s'est peu à peu exhaussé, en sorte que tout l'intérieur, y compris les remparts, n'offre plus qu'une plate-forme à peu près unie. Cette plate-forme a dans sa plus grande largeur, c'est-à-dire d'un bord extérieur du rempart à l'autre, 96 mètres, et dans sa plus grande largeur, 53 mètres. En déduisant de ce total la largeur présumée de la saillie du rempart, laquelle était au moins de 5 mètres, il reste, pour l'intérieur proprement dit du camp, 86 mètres de longueur et 43 mètres de largeur. C'était là le camp véritable. Quant à la pente exté-

---

(24) Ce sentiment n'est pas celui de M. de Fontenu, qui, en décrivant le camp de l'Etoile, annonce que ce camp, comme celui de Wissant, est dépourvu de tout vestige de fossés (p. 411 du vol. cité). J'affirme, au contraire, que le camp de Wissant a conservé ses fossés ; je les ai vus plusieurs fois, j'y suis descendu souvent, et on peut être sûr que s'ils étaient remplis d'eau, un homme trouverait encore parfaitement à s'y noyer.

Je profite de l'occasion pour déclarer que le plan du *camp* de Wissant publié par l'abbé de Fontenu, à l'appui de sa dissertation, est *totalement inexact*.

ricure du rempart, elle est de 3^m 20 pour les 15 mètres de longueur de cette pente ; les fossés eux-mêmes, ainsi que l'ouverture de la porte, ont 5 mètres de largeur.

Tout petit qu'il est, ce camp a été, comme on le voit, construit dans les conditions les plus avantageuses pour la défense et la protection du pays environnant. Il commande, ainsi que je l'ai déjà dit, tout le port de l'ancienne ville, et complète, avec la *Motte du Bourg* et la *Motte du Vent*, un système de *défense* qu'on attribue tout entier aux Romains. Je ne parle pas ici de la *Motte du Carlin*, de la *Motte de Tardinghen*, de la *Motte de Framezelle*, et des autres mottes sans fossés, répandues çà et là dans le pays. Ce sont de simples monticules, demi-sphériques, dans lesquels on reconnaîtrait plutôt des *tumuli* antiques que des forts. J'aurai occasion d'y revenir, et je n'ai, quant à présent, qu'à les indiquer.

On a déjà pu entrevoir, dans ce qui précède, que le camp et les deux mottes dont il vient d'être question sont de constructions très-différentes, et conséquemment d'âge différent. Le *camp de César* indique en effet une expérience déjà vieille de la castramétation ; il a fallu beaucoup de temps, beaucoup de bras et des soins minutieux pour asseoir ce camp, dresser ses remparts élevés de 35 pieds au-dessus du fond des fossés. C'est une œuvre évidemment construite en vue de la force et de la durée. Les deux mottes, au contraire, sont jetées au hasard sur deux éminences déjà placées au haut de rapides falaises ; on a rapporté quelques terres, creusé tant bien que mal quelques fossés ; puis on s'est trouvé maître de deux camps assez mal retranchés, irréguliers, informes, *excellents pour protéger une côte contre une descente de barbares*, insuffisants pour loger des troupes romaines habituées à la sévère discipline de César. Il y a une différence totale d'âge entre ces trois ouvrages de fortification : il suffit de les voir une fois pour s'en convaincre, et l'irrégularité des deux mottes, opposée à la parfaite netteté du camp de César, ne laisse aucun doute à cet égard.

Ces ouvrages de *défense* ne sont donc pas l'ouvrage d'un seul homme, d'une seule et même expédition.—Reste l'origine romaine.

Mais elle est condamnée, pour les mottes, par leur irrégularité. Ce point est, pour moi, incontestable. J'en dirai autant du camp de César. C'est un petit travail condamné par son *inutilité*. Les **11,000** hommes de la première expédition, les **17,600** hommes, ou même les **45,600 hommes** de la seconde, n'ont rien à faire avec un camp qui eût pu tout au plus contenir 500 soldats. Encore, parmi ces 500 soldats, n'y met-on pas un cavalier; il n'y a ni tente, ni prœtorium, ni quœstorium, ni *via singularis*. Un camp romain de la dimension du camp de Wissant pouvait contenir deux manipules organisés selon la discipline ordinaire. Or il y a trente manipules dans une légion, ou 240 manipules dans les huit légions de César, sans compter quatre mille chevaux et quatre mille autres soldats pour ces chevaux. Où loger ces troupes à Wissant? où mettre les bagages *qui furent laissés à terre ?* où garder les machines de guerre et tout le matériel de l'expédition? où abriter la suite ordinaire des armées romaines, les *fabri*, les *agasones*, les *frumentatores*, etc.? Mettez ensemble le camp de César, les deux mottes retranchées, les trois autres mottes sans fossés, et vous ne parviendrez pas encore à loger le quart de cette immense expédition. Ainsi l'armée navale et l'armée de terre auraient trouvé Wissant insuffisant, et l'exiguité du port, comme l'exiguité du camp, ne permet pas de faire de ce village l'Icius de César. L'inutilité du *camp* de Wissant condamne donc l'origine illustre qui lui est attribuée.

Maintenant des troupes romaines eussent-elles été logées dans des forts situés à quelques mètres l'un de l'autre? Ce disséminement des troupes n'est-il pas contre toutes les règles, tous les usages? n'est-il pas aussi formellement interdit par Polybe, qui dit positivement (l. VI, c. 5) que si, après la formation du camp, il arrivait de nouvelles troupes, on se gênait pour les recevoir dans la même enceinte? N'est-ce pas le moyen-âge seul qui s'est proposé ce problême : « de construire des ouvrages qui puissent se protéger les uns les autres, et cependant susceptibles d'être isolés, en sorte que la prise de l'un n'entraîne pas celle des ouvrages voisins? (*Inst. du Com. hist.*, août 1843.) N'est-ce pas là un argument sérieux contre Wissant ?

C'est donc postérieurement à César qu'il faut chercher les fondateurs de ces mottes et de notre *camp*.

Avant d'aller plus loin, il est bon, je crois, de noter une observation importante. C'est que l'embouchure du *Rieu de Sombre*, telle que je l'ai décrite plus haut, formant un port naturel, pouvait très-bien servir et convenir parfaitement à une *descente* de barbares, lesquels, dans leurs barques, ne demandaient pas un port bien large ni bien profond, mais ne pouvait certainement pas être employé pour le lieu de rendez-vous de 800 voiles équipées à la romaine, chargées de soldats, d'armes et de munitions de toute espèce.

Ceci posé, et l'origine *julienne* écartée, il faut donc remonter aux premières invasions des pirates et aux premiers efforts qui leur furent opposés, pour trouver, dans l'empressement des habitants à se mettre en sûreté contre les attaques des ennemis, la raison des travaux de fortification de Wissant. Or, de ces travaux, les uns, avons-nous dit, furent élevés à la hâte par les habitants eux-mêmes, qu'effrayait sans doute une première descente de barbares, et qui en redoutaient une autre; l'origine de ces travaux peut se prendre de toutes les années qu'ont marquées pendant une série de six siècles, de 286 à 912, les invasions des Saxons et des Normands. Les autres, plus travaillés, plus finis, sont le résultat d'un système réfléchi de défense dont les annales anciennes ont pu nous conserver l'auteur.

Commençons par chercher cet auteur.

Or nous trouvons qu'en 286 de notre ère, les Saxons infestaient déjà nos côtes septentrionales, et que des efforts furent tentés pour les repousser et mettre le pays à l'abri de leurs invasions (Paul Oroze, l. VIII, c. 25); qu'en 313, Dioclétien fit fortifier les frontières de l'empire par la construction de châteaux et de petits forts, *oppida et castella* (Zosime, l. II); que plus tard, en 369, Valentinien fit élever d'autres châteaux et d'autres forts dans les Gaules, aux lieux les plus exposés aux incursions des ennemis (Amm. Marc., l. XXVIII); que Justinien signala son règne (527-565) par la construction d'une *infinité de forts* (Procop. de Ædif., *passim*); enfin, qu'à diverses époques, et à mesure que les descentes de pirates se multipliaient, les camps ou enceintes fortifiées devinrent de plus en plus nombreux. Ainsi, de 286 au milieu du vi° siècle, des châteaux, des forts, des camps furent élevés sur nos frontières, à l'embouchure de nos rivières, pour protéger le pays contre les barbares qui le menaçaient. Ce mouvement se continua même jusqu'à Charlemagne, qui, lui aussi, fortifia les ports et les embouchures de rivières (*Annales d'Eginhard*, c. 17), souvent assiégés par les Normands. Il me semble que notre *camp* pourrait tout aussi bien remonter à cette époque qu'à César. Car si l'on réfléchit que de 286 au v° siècle, ces forts ont dû de toute nécessité s'élever selon les règles de la castramétation romaine ; que du v° siècle à Charlemagne, les mêmes règles furent suivies (voir *Instr. du Com. hist., lettre du ministre de l'instr. publ. à MM. les correspondants*, p. 31), on ne s'étonnera pas de retrouver dans le camp de Wissant des caractères propres aux camps fondés du temps de César, bien que ce camp appartienne évidemment à une époque postérieure à la conquête de la Gaule.

Le *Camp de César* peut donc remonter à 286, ce qui est déjà une antiquité respectable, ou à Charlemagne, ce qui n'est pas moins à considérer. Mais, dans ma conviction, il n'est pas dû à César : un camp qui eût servi, de près ou de loin, à l'expédition de la Grande-Bretagne, eût eu d'autres dimensions.

Résumons cette discussion un peu diffuse, afin que l'esprit puisse mieux en saisir l'ensemble.

Deux *genres* de travaux ont survécu à Wissant ; ce sont des travaux de fortification ;

Les uns ont été élevés à la hâte, d'autres ont été construits en vue de la durée ;

Ce sont des travaux *défensifs* plutôt qu'*offensifs* ;

Les travaux élevés à la hâte ont été formés par les populations pour résister aux barbares, depuis 286 jusqu'à 912, époque à laquelle les barbares cessèrent de ravager nos côtes ;

Le camp de César, construit en vue de la durée, a été élevé dans la même période, non par les populations, mais par Dioclétien, ou par Valentinien, ou par Justinien, ou même par Charlemagne ;

Quant à l'origine romaine de ces travaux, elle est démentie :

Pour les mottes, par leur irrégularité et leur forme,

Pour le *camp*, par son *inutilité*,

Pour tous, par leur insuffisance, par leur disséminement, tout-à-fait contraire au génie de la castramétation romaine.

On dira maintenant, pour répondre à tout cela, 1° que la tradition locale attribue à César le camp qui porte son nom ; mais la tradition, en ce qui concerne César, se trompe si souvent qu'on peut légitimement refuser de la croire. Sans compter le camp de Wissant, il y a près de Boulogne, à

Neufchâtel, un fort bâti en 1550, que les habitants ne manquent pas d'appeler camp de César. On connaît encore de cette espèce le camp de Catinoy, près de Beauvais, le camp de Brienne-le-Château et mille autres. « Le nom de César, dit M. Letronne (*Revue archéol.*, t. III, p. 426), est encore maintenant attribué à tous les mouvements de terrain qui peuvent ressembler à un ancien campement : ce sont tous des camps de César (25) ; mais la plupart remontent aussi sûrement à ce grand homme que le *fort de Caligula*, dans l'*Antiquaire* de Walter-Scott, remonte à ce méchant empereur ; le vieux pont *Julian*, près d'Apt, qui n'est pas même romain ; la *pile d'Amboise* et celle de *Cinq-Mars*, près de Tours, avaient pris leur nom du conquérant ; une des sources de Cauterets s'appelle encore le *Bain de César*, quoique ni César, ni aucun empereur n'aient jamais pris les eaux de Cauterets.

2° Que ce camp a tous les caractères d'un camp romain. J'ai répondu ailleurs à cet argument.

3° Que *toutes les mottes* (on ne parle plus ici seulement des deux mottes retranchées) qui environnent Wissant sont dues à César, qu'il y a logé ses troupes, et qu'ainsi l'insuffisance du camp n'est plus un argument contre son origine romaine. Mais de ces sept à huit *mottes*, deux seulement, on le sait, ont la forme de retranchement ; en supposant même qu'elles aient été élevées par César (ce qui est loin d'être vrai), elles pouvaient renfermer chacune de 2 à 400 soldats, et on n'arrive pas encore ainsi au total de l'armée de César. Les trois autres mottes sont simplement des élévations demi-sphériques, sans fossés ; celles-ci ne bordent pas les falaises, elles s'enfoncent dans le pays, et du port de Wissant on les voit dominer l'hori-

---

(25) Voyez les observations de Caylus (*Recueil*, t. IV, p. 404), et celles de l'abbé de Fontenu (*Mém. de l'Ac. des Inscr.*, t. XIII, p. 427).

zon à trois points différents. Ce sont des buttes élevées de main d'homme, et au sommet desquelles on allumait des feux pour prévenir les populations de l'intérieur de l'arrivée des barbares. Ces feux se répétaient sur d'autres *mottes* placées de distance en distance, et pouvaient ainsi donner l'alarme dans tout le pays. La *motte Tardinghen* communiquait en effet avec le Mont-Lambert, bien visible de cet endroit, et prévenait Boulogne quelques heures à l'avance de l'approche des ennemis ; la *motte Carlin* était, au contraire, le point de départ de la série de vigies, dont les feux avertissaient les habitants des plaines de Marquise et des sinuosités de la Vallée-Heureuse. Voilà, dans mon opinion, quel a pu être l'usage des mottes répandues dans le voisinage de Wissant, et de toutes celles qu'on trouve semées dans le Boulonnais. Il n'y a donc pas lieu d'en faire des ouvrages romains construits par César pour loger ses troupes.

Il ne faut pas non plus perdre de vue *qu'on n'a jamais trouvé à Wissant, ni aux environs*, d'antiquités romaines. Des fouilles ont été entreprises en 1815 par un colonel anglais assisté de son régiment ; on a coupé en deux sur toute sa profondeur et toute sa longueur la *Motte Carlin* : on n'a rien découvert. Le *camp de César* a été lui-même retourné dans tous les sens par la charrue, et jamais le moindre vestige, le moindre fragment de poterie, le moindre fer de lance, la moindre monnaie n'est venue en confirmer l'origine romaine.

Boulogne, au contraire, abonde en antiquités romaines. *Des médailles de César* ont été trouvées près de l'emplacement supposé de l'ancienne île Gésoriacum, et une longue galerie de notre musée a été formée tout entière des seuls débris que le grand peuple a semés autour de Boulogne.

Un fait bien remarquable d'ailleurs, c'est la ressemblance extrême de l'ancien plan de la haute-ville de Boulogne, la

Bononia fondée du temps de César, avec un camp romain. La forme en est carrée, selon le précepte de Polybe (l. VI, c. 25), et quatre portes opposées deux à deux rappellent tout-à-fait les quatre portes : *prætoria, decumana, principalis sinistra, principalis dextra*, dont parle Tite-Live (l. III, c. 5, et l. XL, c. 27). Les portes *des Dunes* et *Gayole*, qui représentent aujourd'hui les deux portes latérales du camp, sont de plus situées justement aux endroits où devait aboutir la *via principalis*, tracée en travers du camp et en avant du *prætorium*, du *quæstorium* et des tentes des vétérans et des cavaliers d'élite ; ces deux portes ne sont pas, en effet, sur le milieu des côtés, mais au premier quart environ en partant de la porte *prætoria*, qui était la porte principale (voir le plan de Juste Lipse, *de milit. rom.*, l. V, *Dial.* 4). L'observateur qui, arrivé en haut des collines situées sur la rive occidentale de la Liane, se retourne et regarde à l'horizon oriental l'ensemble de la ville actuelle de Boulogne, peut suivre facilement la déclivité du Mont-Lambert, depuis sa cime, couronnée d'un fort, jusqu'aux dernières herbes qui viennent baigner leur pied dans la Liane. Mais à mi-chemin environ, il voit que la pente régulière de la montagne est interrompue, et que là des hommes puissants ont refoulé les terres sur elles-mêmes pour former un vaste plateau horizontal qu'entourent aujourd'hui des murs élevés. C'est la haute-ville de Boulogne, la *Bononia* des anciens, et sans doute aussi le camp de César. Car reconstruisez en imagination les lieux tels qu'ils étaient alors : où y avait-il un hâvre plus large, plus profond, plus commode ? quelle situation plus favorable César pouvait-il choisir ? Une fois le plateau de Bononia formé, fortifié, il pouvait tout à son aise étendre, aligner, retrancher sa flotte sur les rives du *Gesoriacum navale*, là où les mauvais vents ne pouvaient régner, où le camp des troupes de terre, à portée de l'eau, selon le précepte de Végèce (*de re milit.*, l. I, c. 18), pouvait très-efficacement protéger le camp naval. Encore une fois, où César eût-il pu mieux trouver? Est-ce à Wissant? Mais le port de Wissant est le *plus petit* de tous les ports naturels que César pouvait rencontrer dans nos parages, et le camp de Wissant pouvait tout au plus abriter une ou deux manipules des huit légions de César ; jamais non plus on n'a trouvé d'antiquités à Wissant, tandis que Boulogne nous en fournit tous les jours et *du temps de César*. J'incline donc pour ceux de nos historiens qui font, avec Malbrancq (l. I, c. 11), remonter l'origine de cette ville au temps de César, mais qui pensent avec Dubuisson (*Antiq. du Boulenois*, p. 38) que Boulogne, comme une foule de villes en France, n'est qu'un camp primitif, entretenu pendant quelques années, et devenu peu à peu une ville importante.

II. Voyons maintenant la voie romaine qui aboutit à Wissant, et qui prouverait que, du temps des Romains, Wissant était connu, et que César ainsi a pu se servir de son port.

Cette voie existe en effet. C'est celle que Malbrancq appelle *chemin de Leulingue*. Elle part de Thérouanne et parcourut, sur une distance de six kilomètres, la ligne droite qui mène à Bientques, où elle s'interrompt pour ne se retrouver (en ruines, il est vrai), qu'à Landrethun, éloigné de Bientques de six lieues. Arrivée à Landrethun, la route se bifurque ; elle se dirige d'un côté, et en ligne droite, sur Sangatte, de l'autre côté, *en lignes tortueuses*, sur Wissant. Le premier embranchement est dans un état de conservation parfait et sert encore aux communications entre Guînes et Sangatte. Le second embranchement, au contraire, a presque totalement disparu ; il y a lieu de supposer pourtant qu'il passait à Bouquehault, puis à Landrethun-le-Nord (26), pour aboutir enfin à Wissant. Il est impossible en effet d'en

---

(26) La courte route de Le Ventu à Landrethun-le-Nord est sans aucun doute une partie de la chaussée Brunehaut dont il s'agit.

constater aujourd'hui la direction, et en annonçant tout-à-l'heure les *sinuosités* (27) que cette route parcourt, je n'ai fait que me conformer au témoignage de Lequien, qui a pu la suivre.

N'en déplaise à Henry et à toute la science de ses dissertations, j'aime mieux croire les chroniqueurs anciens de St.-Bertin que toutes les probabilités sur lesquelles il s'efforce de faire remonter cette chaussée jusqu'à César. Or la chronique de St.-Bertin dit positivement et nettement que Brunehaut *construisit* la chaussée qui va de Thérouanne à Wissant : *Multa etiam opera miranda construxit : inter quæ strata publicam de Cameraco ad Atrebatum, hinc ad morinum, et usque in mare, usque ad Withandum fecit, quæ Calceia Brunechildis nominatur usque in hodiernum diem.* Qu'on s'évertue maintenant à bien trouver un *air* romain ; qu'on y constate, si l'on veut, le *stratumen*, le *rudus*, le *nucleus* et la *summa crusta* (28), rien de mieux si l'on pouvait anéantir le passage que je viens de citer.

La chaussée de Wissant ne prouve donc rien, si ce n'est qu'à la fin du VIe siècle, époque de sa construction, Brune-

---

(27) N'oublions pas de rappeler, en passant, que les voies véritablement romaines étaient parfaitement *alignées*.

(28) Ces caractères romains, s'ils se retrouvaient, ne devraient pas plus étonner dans un chemin que dans un camp, puisque les traditions romaines étaient encore vivantes, et que Brunehaut, en construisant sa route, ne pouvait faire mieux que d'imiter de point en point les ouvrages des Romains, dont la solidité était proverbiale. On voudra bien, d'ailleurs, ne pas oublier que Brunehaut, comme le remarque Bergier après Grégoire de Tours et Sigebert, « aimoit à bastir. » (*Hist. des grands chemins,* t. I, p. 104.) Qu'elle ait fait construire *toutes* les chaussées qui, dans l'ancienne Gaule-Belgique, prennent son nom, cela n'est pas probable; mais qu'elle en ait fait élever quelques-unes, cela est certain, et cette même certitude s'étend à la chaussée de Thérouanne à Wissant et Sangatte.

haut jugea convenable de relier Thérouanne à la mer par un chemin plus court que celui de Bononia. Notons, au surplus, que cette époque est celle de la fondation de Wissant, et que l'établissement de cette chaussée contribua peut-être plus que les petits avantages du port à la prospérité de la ville naissante.

Les voies romaines de Gesoriacum prouvent, au contraire, beaucoup (29). Je ne les décrirai pas, elles sont trop connues. Je ferai remarquer seulement que, d'après les médailles trouvées en plusieurs endroits de ces voies (Henry, *Essai*, p. 86), la construction en remonte au 3e consulat d'Agrippa, c'est-à-dire à l'an 27 environ avant Jésus-Christ, ou vingt-huit ans seulement après la fameuse expédition de César en Bretagne. Le port de Gesoriacum était donc déjà bien important, puisqu'Agrippa y fait aboutir la voie célèbre qui porte son nom. Qu'est devenu alors l'Icius de César? On est surpris en effet qu'Agrippa oublie, 28 ans après, un port si célèbre, qui pouvait contenir 800 voiles, qui était *très-commode*, et qui, avec toutes ces qualités, devait certainement être le port le plus connu, le plus fréquenté de toutes nos côtes septentrionales, et par conséquent la tête du grand chemin d'Agrippa. Il faut convenir qu'il y a ici un contre-sens évident, et que la construction de la voie de Lyon à Gesoriacum, l'an 27 avant J.-C., n'est pas un des arguments les moins sérieux qu'on puisse opposer aux prétentions de Wissant.

Il n'y a donc pas lieu, examen fait de la voie antique de Wissant, de son camp romain, de la superficie de son port, d'accorder à ce village l'honneur qu'on veut lui faire.

---

(29) Je ne reconnais que trois voies romaines dans notre arrondissement, et toutes trois partent de Gesoriacum, l'une pour aller à Amiens, la seconde à Thérouanne, la troisième à Etaples. Les deux premières seules sont citées par l'Itinéraire et la carte de Peutinger. La troisième est sans doute une partie de celle qui aboutissait à *Gravinum*.

§ VIII.

Des textes anciens.

Les textes anciens sont d'accord avec la preuve des *voies* pour faire de Gesoriacum l'Icius que César appelle *commodissimus,* et que Strabon recommande comme le port le plus fréquenté pour le passage en Angleterre. Pomponius Méla, en effet, presque contemporain de Strabon, cite aussi le port le plus fréquenté, et l'appelle Gesoriacum. Les écrivains qui viennent après lui nomment uniquement Gesoriacum, dont ils font le port par excellence du nord des Gaules et de la Morinie : *morinus portus, Gesoriacum morinorum portus*. Itius est ainsi complètement oublié, et ce port si vanté par César, si étendu, si sûr, se trouve cinquante ans après, par un phénomène que personne n'explique, remplacé par un autre port qui réunit justement les mêmes qualités attribuées par César à son port Icius. Il est évident d'ailleurs que si deux ports comme Icius à Wissant et Gesoriacum à Boulogne eussent existé simultanément avec les commodités que César prête à l'un et les avantages de l'autre, les écrivains anciens les eussent mentionnés tous deux à la fois, qu'Icius eût fait à Gesoriacum une concurrence redoutable, et qu'en définitive, avec l'aide de la position et de la célébrité donnée à Icius par César, Icius l'eût emporté tôt ou tard sur son rival. Mais il est loin d'en être ainsi, et Gesoriacum seul jouit sans partage, au dire d'écrivains pour ainsi dire contemporains de César, de la traversée du détroit. D'ailleurs le passage de Florus déjà cité est positif. Il dit : « *Postquàm Cæsar solvisset è morinorum portu.* » Or que faut-il entendre par le *morinorum portus* de Florus, si ce n'est le *Gesoriacum morinorum navale* de Ptolémée, le *Gesoriacum morinorum littus* de Pline, le *Gesoriacum morinorum portus* de Pomp. Méla, ou tout simplement l'antique ville de

Gesoriacum, dont tout le monde fait la ville de Boulogne. Il me semble que ce rapprochement ne laisse aucune place à l'équivoque. (30)

Il ne reste plus qu'un seul point à éclaircir, un seul ar-

---

(30) Le géographe Ptolémée place le promontoire *Icium*, nécessairement voisin du port Icius, à l'ouest de Gesoriacum, c'est-à-dire entre l'embouchure de la Canche et l'embouchure de la Liane. Si Ptolémée eût placé ce promontoire à l'*est* de Boulogne, on en eût fait le cap Grinez, sur le côté oriental duquel Wissant ouvrait son port, et cette circonstance prêtait à Wissant une assez grande probabilité. Mais le texte positif de Ptolémée rend cette supposition impossible, et il faudrait de toute nécessité, en faisant de l'*Icium promontorium* un cap situé à l'occident de Boulogne, faire aussi de Gesoriacum, si voisin de ce cap, l'Icius de César et de Strabon.

Quant à la situation de ce cap, j'en ferais volontiers notre cap d'Alpreck, à 5 kilomètres S.O. de Boulogne. Pour nos yeux français, accoutumés aux cartes résumées de la France, ce promontoire passe inaperçu; nous ne voyons que le cap Grinez, parce qu'il est le point remarquable de la jonction des côtes opposées qui vont du sud au nord sur le côté de la Somme, et de l'ouest à l'est sur le côté de la Belgique. Mais pour des yeux romains il en est tout autrement : le cap d'Alpreck est d'autant plus *promontoire* qu'il forme lui-même une montagne élevée du sommet de laquelle on voit de gauche et de droite la mer s'enfoncer dans les terres. Le cap Grinez, de son extrémité, ne paraît pas plus saillant.

Les Romains avaient d'ailleurs des connaissances très-bornées sur notre pays, et je n'en veux pour preuve que la singulière assertion de Strabon, qui place l'embouchure de la Garonne à dix lieues de l'Angleterre. Ptolémée lui-même n'est pas exempt de fautes ; le célèbre Danville ne peut s'empêcher de le reconnaître en mentionnant « le désordre qui règne dans la géographie de la Gaule de Ptolémée et les positions qu'il cite, positions, ajoute-t-il, sur lesquelles nous serions fort égarés, si heureusement la Gaule n'était pas la France. » (*Mémoires sur le port Icius.*)

Au surplus, Ptolémée aurait placé son promontoire *Icium* à l'est de Boulogne, au lieu de l'ouest, et ce promontoire serait le cap Grinez, que pour cela Gesoriacum n'en serait pas moins Icius. Boulogne occupe en effet le fond de la baie qui commence au cap Grinez pour se terminer au cap d'Alpreck. Du port de Boulogne on semble toucher de la main la pointe du Grinez.

L'*Itium promontorium* ne peut donc fournir aucun argument contre nous.

gument à réfuter : c'est celui qu'on nous oppose en prétendant qu'Icius, Gesoriacum et Bononia font *trois* noms appliqués à une seule ville, ce qui est impossible, ou du moins n'est pas probable. Ces *trois* noms se réduisent d'abord à *deux* par la distinction que j'ai faite, et Gesoriacum eût-il eu deux noms, que cela ne doit pas étonner. Carthage en avait sept, Thèbes cinq et Rome quatre ; sans aller si loin, Amiens s'appelait *Samarobriva* et *Ambianum*. Rien de plus commun dans l'antiquité romaine que plusieurs noms appliqués à une même cité. Je ne prétends pas expliquer ici ce fait, je le constate seulement. Mais je ferai remarquer :

1° Que le mot Gesoriacum, dans les auteurs anciens, est employé moins comme nom propre que comme *qualificatif propre*, si je puis m'exprimer ainsi : il y avait le *pagus Gesoriacus*, le *Gesoriacum littus*, le *Gesoriacus portus*; — Gesoriacum était ainsi le nom commun à tous les principaux lieux du *pagus*. Qu'ensuite Icius ait changé de nom pour prendre celui du canton dont il était la capitale, il n'y a rien là de bien surprenant.

2° Qu'il est possible qu'Icius et Gesoriacum aient existé simultanément, Gesoriacum *à l'entrée* du port, qui avait alors quatre à cinq kilomètres de profondeur, et Icius *au fond* même du port, comme cela pourrait encore avoir lieu en faisant remonter Isques à César. Tout s'explique ainsi : César, Strabon et leurs successeurs ne citent plus deux localités distinctes ; ils ne diffèrent que sur le point particulier du même lieu qui donnera son nom à la localité tout entière.

§ IX.

Résumé.

Il est donc bien constant, d'après tout ce qui précède, que si Boulogne n'est pas jusqu'à l'évidence le port Icius des anciens, de grandes probabilités se réunissent au moins en sa faveur. J'ai cherché à développer cette question de manière à ne laisser aucun des points qui la touchent inexpliqué. J'espère y avoir réussi. Qu'il reste maintenant quelque doute dans l'esprit de ceux que les savantes dissertations de Ducange et autres ont disposés en faveur de Wissant, rien de plus naturel, et je concevrais difficilement le contraire. Mais du moins il ressortira de mon travail plusieurs *faits* encore peu connus et que je regarde comme acquis à l'histoire du pays, faits dont je crois devoir présenter ici la nomenclature résuméé. — Ainsi, en ce qui regarde Boulogne :

— Boulogne est à la fois le Gesoriacum et la Bononia de la géographie ancienne ; ces deux villes furent *distinctes;*

— Bononia dominait Gesoriacum, situé dans une île de la Liane ; le port de Bononia occupait un espace aujourd'hui comblé ; le lit même de la Liane formait le port de Gesoriacum ;

— Il n'est pas parlé de Gesoriacum avant Jésus-Christ, quoique cette bourgade existât du temps de César, et même du temps de Polybe ; il n'est pas non plus parlé de Bononia, bien que Bononia ait été fondée, au dire de tous les historiens, un demi-siècle avant J.-C. ;

— On ne connaît donc pas, par les écrivains, le nom que Gesoriacum avait avant l'ère chrétienne ;

— Il est probable, pour diverses raisons que j'ai développées, que c'était celui d'Icius, nom qu'elle aura abandonné pour prendre à la longue celui même du *pagus* dont elle était la capitale ;

— L'*Icius portus* sera alors le *Gesoriacum portus*, et le *portus superior* le port de Bononia, encore inoccupé.

Voici maintenant, en ce qui regarde Wissant, les faits, *nouveaux* pour la plupart, qui ont été démontrés dans la dissertation précédente :

1° Wissant, ou Witsand, est un mot d'origine germanique

dont la décomposition donne les deux mots *wit*, blanc, et *sand*, sable, nom tiré de la blancheur des dunes de Wissant ;

2° Wissant a été fondé vers la fin du vi^e siècle, à l'époque où les premiers pirates saxons formèrent des établissements dans ce canton ;

3° Jusqu'en 938, Wissant s'est servi pour port de l'embouchure même du *Rieu de Sombre*, comme Boulogne jusqu'à Claudius s'est servi simplement de l'embouchure de la Liane ;

4° C'est dans la période comprise entre la fin du vi^e siècle et 938 qu'il faut placer la construction d'un petit fort appelé *Camp de César*, et destiné à protéger le port ; c'est dans cette même période qu'ont été élevées les deux *mottes* qui ont forme de camp ; elles ont été formées à la hâte par les habitants à l'époque d'une des descentes des barbares ; les mottes et le camp sont des travaux *défensifs*, et nullement *offensifs*. Les autres *mottes* demi-sphériques étaient des postes échelonnés de distance en distance, et elles servaient, par les feux qu'on allumait à leur sommet, à prévenir les habitants de l'intérieur de l'approche des ennemis ;

5° A partir de 938, des travaux sont entrepris pour agrandir le port de Wissant, qui dès lors devient important ;

6° En 1347, Edouard III, qui venait de s'emparer de Calais, et que gênaient le voisinage et la commodité du port de Wissant, fit raser complètement cette ville et en dispersa les habitants ;

7° Il ne reste plus rien aujourd'hui de l'ancienne ville, et le pauvre village qui en a conservé le nom s'ensable tous les jours de plus en plus ; tout porte à croire que l'ancien Wissant était situé à l'est du village actuel, dans les dunes nommées *Dunes du Temple* ;

8° Quant à Icius, Wissant ne l'est pas.

Enfin, en ce qui regarde le Boulonnais lui-même :

— Le Boulonnais garde les traces d'établissements nombreux opérés sur notre littoral par des familles saxonnes ;

— Ces traces se reconnaissent dans les étymologies anglo-saxonnes des noms d'un nombre considérable de ces villages ;

— Ces mêmes noms se retrouvent dans les plus vieilles chroniques, mais ne se rencontrent jamais pour un fait qui se serait accompli antérieurement au milieu du VIe siècle : c'est à partir de l'année 804 qu'on trouve ces noms en grande quantité ;

— Il y a donc eu des établissements de familles saxonnes dans notre pays de 550 à 804, mais surtout en 804, époque de la translation en France et en Flandre de 10,000 familles saxonnes.

Tels sont les faits que je crois acquis à l'histoire du pays. C'est en m'appuyant sur les arguments développés à l'appui de ces faits que je viens, Monsieur, vous proposer de subtituer au passage de votre *Dictionnaire* :

« Boulogne, dit aussi Boulogne-sur-mer ; Gesoriacum chez les anciens, Bolonia et Bononia en latin moderne ; »

la rédaction suivante :

« Boulogne, dit aussi Boulogne-sur-mer, ville formée de Gesoriacum et de Bononia réunis vers le IVe siècle de l'ère chrétienne ; quelques autorités se réunissent pour en faire le *portus Icius* de César. »

Je vous proposerai aussi d'ajouter à l'article *Icius portus* de votre *Dictionnaire* la mention expresse des droits de Boulogne au titre de port de César.

J'ose espérer, Monsieur, que vous voudrez bien me pardonner la liberté que j'ai prise en vous adressant des observations que, d'ailleurs, je ne crois pas inutiles au point de vue de la vérité historique, presque toujours méconnue quand il s'agit de Boulogne.—J'espère aussi que vous voudrez bien m'autoriser à vous adresser d'autres observations relatives aux Boulonnais célèbres, à la prospérité actuelle de la ville, en commençant par les *incursions des Normands dans le nord de la France* et la destruction de Boulogne en 882, sujet assez vaste et assez important que j'essaierai de traiter dans une seconde lettre.

J'ai l'honneur d'être,

Monsieur,

Votre très-humble et très-obéissant serviteur,

Aug. MARIETTE.

NOTES.

Note A.

Voici la lettre de Lequien à l'éditeur du *Journal des Savants* :

« Quant à la première chose, je vous dirai que mon dessein ne demandoit pas que j'entamasse dans les formes la question touchant la situation du Port *Icius*, et si c'était un port différent de celui que Pline après Polybe appelle *le Port des Morins*, et Ptolémée *Gessoriacum navale*. J'espère démontrer que c'étoit le même Port dans mon *Histoire*, où je traite ce sujet fort au long. Mon dessein, dans l'Ouvrage que vous avez entre les mains, a seulement été de donner une idée générale de l'antiquité de Boulogne, et de la succession de ceux qui ont possédé le Boulonois, sans entrer dans le détail des choses que j'y avance. Je n'ai eû en vûë que d'imiter M. Maillard, Avocat au parlement, qui a mis à la tête de son édition de *la Coûtume d'Artois* la succession des princes qui ont été maîtres de ce pays-là. Ce fut aussi lui qui m'engagea à donner cet abrégé pour M. Babel, qui devait faire imprimer *la Coutume du Bolonois*, avec le Commentaire de M. Le Roi de Lozembrune, ancien Lieutenant-Général de la Sénéchaussée du Boulonois. Au reste, mon sentiment sur le Port *Icius* ne m'est pas particulier : c'est celui des plus sçavans hommes des derniers siècles, même de ceux qui ne s'épargnaient pas sur d'autres choses : comme de Scaliger et du P. Petau, de Nic. Samson, du P. Labbe, de du Vergier, et de plusieurs autres. Les raisons dont M. Ducange a appuyé le contraire portent toutes à faux, et je compte les réfuter sans replique. J'ai entre les mains une Dissertation de Samson sur ce sujet, qui mérite l'impression.

» Je pourrai dire un mot de la descendance de Messieurs de Boüillon, dans mon Histoire. J'ai entre les mains certains Ecrits, où l'on montre que *la Branche des Seigneurs d'Oliergne, dont Messieurs de Boüillon descendent, était séparée des Seigneurs de la Tour, environ cent ans avant que Bertrand de la Tour épousât Marie de Boulogne et d'Auvergne, qui hérita de ces deux Comtés en* 1624. C'est-à-dire, que les aïeux de MM. de Boüillon étaient les arrières-cadets de Bertrand de la Tour.

» Ce que j'ai dit de la mouvance du comté de Boulogne, de celui d'Artois, je l'ai avancé sur l'autorité et la foi d'une ancienne Chronique, ou Généalogie de nos comtes, dressée au tems de Jean de France, duc de Berri et comte de Boulogne par sa femme. Cette mouvance du comté d'Artois n'était qu'une suite de l'ancienne mouvance de la terre de Merk du comté de Flandres, à cause du château d'Aire : la ville d'Aire se trouvant enfermée dans le comté d'Artois, lorsqu'il fut érigé par Loüis VIII ou par Saint-Loüis. La mouvance de cette Terre de Merck, qui appartenait aux comtes de Boulogne, fut transportée au comté d'Artois. Mais après le décès de notre comtesse Mahault, dans le partage qui fut fait des héritages de cette princesse, la terre de Merf ou Mark avec la ville de Calais étant échuë à Mahault comtesse d'Artois, la mouvance cessa de la part des comtes de Boulogne, et ce ne fut plus qu'une vieille prétention des comtes de Flandres, qui possédaient aussi l'Artois, mais qui n'eut aucun effet. On verra dans mon Histoire, qu'un comte de Flandres et d'Artois fut mal reçû, lorsqu'il voulut la faire revivre, et exiger l'hommage des comtes de Boulogne. Ce qui autorisoit le plus les comtes de Flandres à demander alors l'hommage du Boulonois, fut que Renaud de Dammartin, comte de Boulogne, révolté contre le roi Philippe-Auguste son bienfaiteur, porta la lâcheté jusqu'à faire hommage de son comté au comte de Flandres, ennemi du roi ; ce qui fut cause que le roi se saisit du Boulonois, qu'il rendit ensuite à Mahault, fille de Renaud, en lui donnant Philippe son fils en mariage. Philippe-le-Bon duc de Bourgogne et comte de Flandres et d'Artois, ayant usurpé le comté de Boulogne sur Bertrand II, en vertu de cette prétention, le roi Loüis XI dans ses lettres patentes déclara qu'il supprimoit la mouvance du comté de Boulogne prétenduë ou réelle, et voulut que le comté ne relevât plus que de la Ste. Vierge dans son église de Boulogne, où il fit lui-même le premier hommage. »

Note B.

Je crois devoir insérer ici la liste, aussi complète que j'ai pu la former, de toutes les *dissertations* écrites sur le portus Icius. Je ne mentionnerai pas, bien entendu, les simples opinions émises sans discussion dans les traités généraux de géographie ancienne.

CALAIS. — Calais, port Iccien, par George L'APOSTRE, 1615; in-12.

Mardick. — Portus Iccius Julii Cœsaris demonstratus, per Johannum-Jacobum Chiffletium regis Hispaniæ archiatrum Madrid, 1626; in-4.

Boulogne. — Le Portus Icius de César démonstré à Boulogne, par Nicolas Sanson, d'Abbeville; contre le même port Icius démonstré à Wisan, par G. Cambden, Anglois; celui démonstré à Calais, par George L'Apostre, maître des escoles à Calais; démonstré à Saint-Omer, par Abraham Ortelius, géographe du roi d'Espagne; démonstré à Mardyck, par J.-J. Chifflet, médecin du roi d'Espagne.

— Manuscrit original déposé à la Bibliothèque Royale, à Paris. La Bibliothèque publique de Boulogne en possède une copie (479 pages), mais sans la carte et l'épître dédicatoire à M. Boutillier, évêque de Boulogne, qu'on trouve jointes au manuscrit original. 1630.

Sangatte. — Itius Cesareus, in Morinis; auctore Jacobo Malbrancq è S.-J.

— Ce traité a été repris aux chap. IX et X du livre I de l'ouvrage de Morinis. 1654.

Witsant. — Du port Icius ou Itius, par Charles Du Fresne, sieur Du Cange, trésorier de France à Amiens.

— Cette dissertation est la 18e de celles qu'il a mises après l'histoire de Saint-Louis, par le Sire de Joinville; Paris, 1668. M. Scotté de Vélinghen l'a rapportée toute entière dans son ouvrage, int.: Description de la ville de Boulogne-sur-mer et du pays et comté du Boulenois, 1720. Nous en possédons une copie faite sur le manuscrit du Traité de N. Sanson. Cette même dissertation a été traduite en latin et imprimée par Gibson à la suite de sa propre Dissertation sur le portus Icius et de la Réponse de Somner à Chifflet.

Étaples. — Icius portus, in Hadriani Valesii notitiâ Galliarum. Paris, 1675.

BOULOGNE. Julii Cæsaris portus Icius illustratus sive :
WISSANT. 1° GULIELMI SOMNERI ad Chiffletii librum responsio ;
BOULOGNE. nunc primùm ex Mss: edita ;

2° Caroli DU FRESNE dissertatio de Portu Iccio.

Tractatum utrumque latinè vertit et novâ dissertatione auxit *Edmondus Gibson*. Orford, 1694.

— Cet ouvrage renferme, comme on le sait, trois dissertations ; la première, celle de Somner, est en faveur de Boulogne; celle de Ducange conclut pour Wissant; pour Gibson, Itius est Gesoriacum.

BOULOGNE. — Laurentii FLEMING de trajectu Julii Cæsaris in Britanniam dissertatio. Upsal, 1697.

— On trouve au 3e chap. de cet ouvrage une digression sur le port Icius, que l'auteur place à Boulogne.

ETAPLES. — Observatio J. GEORGII ECCARDI de Portu Iccio. *Miscell. Lips. vet.*, t. VIII.

CALAIS. — Le Portus Icius , par P. BERNARD, ancien mayeur de Calais. Saint-Omer, 1715.

— Dissertation imprimée au chap. 11 des *Annales de Calais et des pays reconquis* (p. 6).

BOULOGNE. — Du port appelé Icius, par *Dom Du CROCQ*.

— Dissertation comprise dans le livre II , ch. 7, des *Recherches historiques sur l'ancien pays des Morins*, p. 95 de la copie conservée à la Bibliothèque publique de Boulogne. 1700-1715. (Voir plus haut p. 10.)

BOULOGNE. — Du port des Morins , du portus Iccius et du portus Gessoriacus, par Scotté de Velinghen. Janvier 1720.

— Dissertation formant la première partie de la *Description de la ville de Boulogne-sur-mer et des pays et comté Boulognois*, par l'auteur cité plus haut (ms: de la Bibliothèque publique de Boulogne). C'est dans cette dissertation qu'est rapportée *in extenso* la dissertation de Ducange.

Boulogne.— Dissertation sur le port Icius, par le P. Lequien; 1750.

— Imprimée, comme on l'a vu, au tome VIII des *Mémoires de litt. et d'hist. du P. Desmolets*. Voir le J. des Savants, 1730, nov., et le *Moréri* de 1759, au mot Icius. La Bibliothèque publique de Boulogne possède une copie de cette dissertation.

Wissan. — Lettre de M. Voideul à M. d'H***, sur le portus Icius.

— Insérée en septembre 1739 dans le *Mercure*.

Wissant.— Mémoire sur le port Icius et sur le lieu du débarquement de César dans la Grande-Bretagne, par M. d'Anville. Paris, 1757.

— Imprimé dans le tome XXVIII, p. 397, des Mémoires de l'Académie des Inscriptions et Belles-Lettres.

Boulogne.—Examen de la situation du port Iccius, par le P. Ch. Wastelain.

— Il est dans *la Description de la Gaule-Belgique*, S^{on} VIIe, p. 378 et suiv. Lille, 1761.

Calais. — Mémoire sur le port Icius de César, avec une remarque sur *l'Itium promontorium* de Ptolémée; par Riboud de la Chapelle.

— Imprimé à la fin des *Mémoires sur quelques villes et provinces de France*, 1766; in-12.

Calais. — Dissertation sur le port Icius, par l'abbé Lefebvre. Paris, 1766.

T. I, p. 32 et 105 de l'*Histoire de Calais* du même auteur.

Boulogne.—Dissertation pour établir que le port de Boulogne est le même que celui appelé par les Romains tantôt Icius, tantôt Gesoriacum, par Abot de Bazinghen. Boulogne, 1768.

—Comprise dans les *Recherches historiques de la ville de Boulogne-sur-mer*, chap. VI, p. 133.

BOULOGNE.—Dissertation sur le port Icius, par l'abbé MANN.

> — Lue à l'Académie des Sciences de Bruxelles en mai 1778, et imprimée dans les Mémoires de la même Académie, tome III, p. 331. Année 1786.

CALAIS. — Le portus Itius à Calais, suivi de notes intéressantes sur quelques antiquités de cette ville célèbre, par MOREL-DISQUE. Calais, 1805; in-4.

WISSANT.— Dissertation sur le portus Icius, par HENRY, adjudant du génie. Boulogne, 1810.

> —Comprise dans l'*Essai historique, topographique et statistique sur l'arrondissement communal de Boulogne*, p. 14.

BAIE D'AUTHIE.—Mémoire sur le portus Itius de Jules César, et appendice à ce mémoire, par M. MOREL DE CAMPENNELLE.

> — Imprimé en 1834—5 dans les Mémoires de la Société royale d'Emulation d'Abbeville, p. 23.

BOULOGNE —Fragment d'une lettre de M. J.-A.-G. BOUCHER, membre correspondant de l'Institut. Dissertation sur le port où César s'est embarqué pour la conquête de la Grande-Bretagne. Abbeville, 1829.

On voit par cette liste que ONZE mémoires ont été écrits en faveur de Boulogne,
    CINQ en faveur de Wissant,
    CINQ en faveur de Calais,
    DEUX en faveur d'Etaples,
    UN en faveur de Mardick,
    Et UN pour la baie d'Authie.

Cette liste n'est pas un des moindres arguments en faveur de Boulogne.

Note C.

C'est de notre concitoyen, M. Henry, mort il y a une vingtaine d'années, qu'il est ici question. M. Henry est l'auteur d'une histoire de Boulogne, aussi complète que possible, imprimée sous le titre de : *Essai historique, topographique et statistique sur l'arrondissement communal de Boulogne-sur-mer*. Cette histoire a été publiée en 1810.

M. Henry, quoique Boulonnais, jouit parmi nous d'une réputation trop méritée, trop légitime, pour que son opinion sur la question du port Icius ne soit pas d'un grand poids aux yeux de ses concitoyens. Ceci n'est que juste; M. Henry était l'homme de l'amitié et du savoir. Aussi ne dois-je toucher à sa dissertation qu'avec tout le respect dont me font un devoir la vieille réputation de son auteur, l'autorité de ses services, et par-dessus tout la sincérité des convictions qui ont dicté cette dissertation. Mais je crois aussi devoir aux exigences de la vérité historique de relever dans Henry ce qui, je pense, au sujet d'Icius, n'est qu'une longue erreur. C'est là un autre devoir très-conciliable, heureusement, avec le premier. On me permettra donc de prendre la dissertation d'Henry et de suivre une à une, en épiant leur route et en redressant leur marche, les dix-huit *probabilités* contre lesquelles il adosse les prétentions de Wissant au titre que je lui refuse.

C'est dans la comparaison du récit de César avec les localités actuelles que Henry puise ces dix-huit probabilités.

La discussion qui va suivre se borne aux deux ports que j'ai moi-même indiqués : Boulogne et Wissant.

PREMIÈRE PROBABILITÉ.

Voici le texte même de l'auteur :

C'est vers le milieu du quatrième livre de la guerre contre les Gaulois que César commence à parler de sa première expédition contre l'Angleterre, qu'il effectua la 55ᵉ année avant l'ère chrétienne. Il dit que, *dans les pays septentrionaux, tels que la Gaule, l'hiver est précoce, et que la saison d'été se trouvait déjà très-avancée lorsqu'il prit la résolution de passer la mer pour châtier les Bretons qui avaient toujours secouru les Gaulois contre les Romains ; que n'ayant pu se procurer des renseignements sur la grandeur de l'île, sur les peuples*

> qui l'habitaient, sur leurs mœurs et sur leur manière de combattre, non plus que sur la structure et la forme de leurs vaisseaux, leur nombre, et la situation des ports où ils les retiraient, il avait envoyé C. Volusenus faire la reconnaissance du pays avant de se mettre en mer.
>
> *Que pendant ce temps, il se rendit avec toute son armée dans le pays des Morins, où se trouvait le plus court trajet pour passer en Angleterre.* In Morinos proficiscitur quod indè, erat brevissimus in Britanniam trajectus.

On doit s'attendre à ce que Henry compte ici une première probabilité pour Wissant. Le *brevissimus* de César est en effet l'arme favorite de Ducange, et Henry ne pouvait mieux faire que de ramasser cette arme en la tournant de nouveau sur Boulogne. Il veut bien pourtant avouer que « cinq kilomètres de plus à parcourir pourraient bien ne pas arrêter César s'il trouvait ailleurs plus d'avantage, » et il renonce ainsi sans bénéfice à une probabilité qui fait la base de toutes les autres dissertations en faveur de Wissant. De là une première probabilité pour Wissant et une première aussi pour Boulogne.

DEUXIÈME PROBABILITÉ.

Je continue le texte :

> *Immédiatement après son arrivée, César donna ordre à tous les vaisseaux qu'il avait dans les contrées voisines, de se rendre également dans les ports de la Morinie, et le même ordre fut intimé à la flotte qui, l'année précédente, avait servi contre les habitants de Vannes.* Huc jubet convenire.

Le mot *huc*, ajoute Henry, indique bien positivement la côte des Morins, et non un port particulier de ce pays. Probabilités égales de part et d'autre. Je n'ai rien à répondre à cela.

TROISIÈME PROBABILITÉ.

> *César rassembla ensuite environ 80 navires de charge, qu'il croyait suffisans pour le transport de deux légions, et les galères qu'il avait encore furent distribuées au questeur et à ses principaux officiers.*

Probabilités encore égales de part et d'autre. Je n'ai rien à dire de plus, si ce n'est qu'à partir de ce moment Henry ne trouve plus une seule probabilité pour Boulogne, bornant ainsi aux trois pauvres arguments qu'on vient de voir développés tout ce qui, dans le récit de César, est favorable à notre port. Il nous reste heureusement quinze autres probabilités dont j'espère bien faire passer les trois quarts de notre côté.

QUATRIÈME PROBABILITÉ.

Il restait à César 18 vaisseaux de transport, que les vents contraires retenaient à 8,000 pas de distance de celui du rassemblement général, et ces bâtiments étaient destinés pour l'embarquement de la cavalerie.

On voit d'ici une quatrième probabilité toute naturelle en faveur de Wissant, distant du port de Sangatte de 11,200^m, lesquels font bien les 8,000 pas en question.—Mais Ambleteuse, dans le cas où ce lieu du séjour forcé des vaisseaux serait bien un port, Ambleteuse est aussi à 8,000 pas environ de Boulogne, et dans le cas où ce lieu serait une rade, la rade d'Ambleteuse est encore à 8,000 pas. J'ai d'ailleurs donné un sens différent à cette interprétation du texte de César, et j'ai dit que si les vaisseaux avaient été retenus dans un port à 8,000 pas de distance, César n'aurait pas dit que ces vaisseaux étaient *retenus*, puisque ce port était destiné à la cavalerie et que les vaisseaux se trouvaient ainsi à destination. On voit par là que le port ultérieur n'était pas du tout à 8,000 pas de distance du port principal. Il est donc impossible de rien conclure pour Wissant, au détriment de Boulogne.

CINQUIÈME PROBABILITÉ.

César mit à la voile vers le minuit.

Ici vient une probabilité *tout-à-fait remarquable*. Elle est en faveur de Wissant, bien entendu. Car si César laissa un corps de troupes à Sulp. Rufus, ce corps de troupes avait besoin de se loger. De là les travaux de fortification de Wissant. J'ai répondu ailleurs à cet argument. Je n'y reviendrai pas.

SIXIÈME PROBABILITÉ.

Après avoir disposé toutes choses, le vent étant devenu favorable, arrivé à la côte d'Angleterre, César la trouve bordée de troupes ennemies rangées en bataille sur les hauteurs. La nature de ce lieu était telle que la mer y était resserrée dans un enfoncement étroit, dominé par des montagnes d'où l'on pouvait lancer des traits sur le rivage.

Je copie textuellement :

Si César avait décrit le port où il s'est embarqué, comme il désigne le point de la côte d'Angleterre où il se présenta d'abord, on ne serait nullement embarrassé pour le reconnaître. Il est bien évident que c'est vis-à-vis Douvres qu'il vint mouiller, et pour y aller il ne pouvait choisir un point de départ plus favorable que le port de Wissant ; c'était le plus court trajet, et il était servi également par le flot et par le jusant : voilà donc encore un degré de probabilité pour ce port.

Ceci est au moins étrange. De ce que César aborde à Douvres on ne peut conclure qu'il soit nécessairement parti de Wissant. Tous les jours des navires partis en même temps de Boulogne et de Calais abordent en même temps à Douvres, et je réponds que les habitants de cette dernière ville ne concluent, à l'arrivée de ces navires, absolument rien au sujet du lieu de leur départ, les uns n'ayant pas un autre air que les autres. On voit déjà que Henry cherche plus le nombre que la solidité de ses probabilités ; les prétentions de Wissant risquent bien de crouler.

SEPTIÈME PROBABILITÉ.

Il y avait quatre jours que César était en Angleterre, et la paix semblait assurée avec les Barbares, lorsque les 18 vaisseaux portant la cavalerie dont il a déjà été fait mention, appareillèrent du port supérieur par un vent doux.

« Port supérieur et port ultérieur *sont la même chose*, puisque César nommait ultérieur *tout ce qui est au levant*. Or Sangatte est au levant de Wissant. » Il résulte donc de ce passage que Sangatte est le port supérieur et Wissant le port Icius.

Henry oublie sans doute que sa 4e et sa 7e probabilité ne font qu'une. Il oublie encore plus qu'Ambleteuse est tout aussi bien au *levant* de Boulogne, et le port de Bononia au *levant* de Gesoriacum, que Sangatte par rapport à Wissant.

HUITIÈME PROBABILITÉ.

César observe ensuite que deux de ses bâtimens, qui n'avaient pu se rendre au même port que les autres, se trouvèrent portés un peu plus bas, paulò infrà delatæ sunt.

L'endroit *un peu plus bas*, dit Henry, se trouvait nécessairement au couchant du port où la flotte était restée. Le port d'Ambleteuse est au couchant de celui de Wissant. Il y a donc ici un degré de probabilité de plus pour ce port.

Mais notez qu'Henry, qui tout-à-l'heure ne parlait pas d'Ambleteuse qui est au *levant* de Boulogne parce que cela formait une probabilité pour nous, veut bien en parler comme étant au *couchant* de Wissant parce que cela est une probabilité pour lui. Ce contresens n'accuse pas la mauvaise foi de l'auteur ; il n'accuse qu'une petite négligence et un instant d'irréflexion.

NEUVIÈME PROBABILITÉ.

Que 300 soldats qui étaient sur ces vaisseaux, marchant pour regagner le camp, furent attaqués par 6,000 Morins ; que ces soldats combattirent vaillamment pendant plus de 4 heures, jusqu'à l'arrivée de la cavalerie qu'il avait envoyée à leur secours aussitôt qu'il fut informé de cette attaque.

Je ne vois en vérité rien dans ce passage qui soit une preuve pour Wissant. Henry dit bien :

> La circonstance du voyage des 300 hommes pour regagner le camp, leur combat pendant 4 heures, et l'arrivée de la cavalerie romaine au bout de ce tems, tout indique bien que les troupes romaines étaient campées dans le voisinage des deux vaisseaux échoués *un peu plus bas*, et il ne reste dans aucun endroit de la côte de vestiges de camp romain qu'autour de l'anse de Wissant.

Mais je déclare les conclusions d'Henry tout-à-fait inexplicables. Les *antiquités* jouent ici un rôle que je ne conçois pas par rapport à un port situé un peu plus bas. On saura d'ailleurs que ces *antiquités* ont déjà formé la 5ᵉ probabilité et qu'elles forment maintenant la 9ᵉ, pour former ensuite la 16ᵉ.

Un peu plus bas de Boulogne se trouvent Hardelot, Camiers, Étaples ; il y a du choix, surtout si ce *port* un peu plus bas était tout simplement la plage sur laquelle les deux vaisseaux furent *portés et échouèrent*.

DIXIÈME PROBABILITÉ.

> *Le Lendemain, César envoya Q. Labienus contre ces révoltés, avec les légions qu'il avait ramenées d'Angleterre, et comme les marais dans lesquels ils s'étaient retirés l'année précédente étaient séchés, il les fit presque tous prisonniers.*

Les marais dont parle César pouvaient être ceux de la vallée de Slacq ; autre probabilité pour Wissant.

Mais Henry oublie :

1° Que les soldats débarqués combattirent pendant *quatre* heures, temps que nécessitait l'aller et le retour *à cheval* d'Icius au lieu du combat. Or les marais de *Slacq* sont à une lieue de Wissant ; la cavalerie de César ne lui fait honneur si elle mit *deux heures* à faire cette lieue.

2° Que des marais, situés *paulo infrà* comme le port de débarquement, s'étendaient autrefois depuis Neufchâtel jusqu'à Etaples et Montreuil ; que ces marais étaient situés à quatre ou cinq lieues de Gesoriacum, et que les soldats débarqués pouvaient combattre quatre heures avant qu'un des leurs se fût détaché pour aller porter la nouvelle à César et que la cavalerie ait eu le temps d'arriver.

Au compte d'Henry, ceci est une probabilité très-nette pour nous.

Ici se termine la première expédition de César, qui, après avoir mis ses troupes en quartier d'hiver dans la Gaule-Belgique, partit, selon sa coutume, pour aller passer la saison rigoureuse en Italie.

La seconde expédition commença l'année suivante, et le récit de César fournit à Henry huit autres probabilités tout aussi résistantes que les premières.

ONZIÈME, DOUZIÈME ET TREIZIÈME PROBABILITÉS.

> *Après avoir témoigné aux soldats et à ceux qui avaient dirigé les travaux combien il était satisfait de leur zèle et de leur activité, César donna l'ordre de rassembler la flotte dans le port Itius, d'où il avait*

reconnu que le trajet en Angleterre était le plus commode, n'étant éloigné de la Bretagne que d'environ 30,000 pas.

Trois probabilités ressortent de ce texte :

1 César regarde le port Icius comme le plus commode, *parce qu'il est le plus rapproché de l'Angleterre* : or cette circonstance convient parfaitement au port de Wissant.—C'est Henry qui parle.

Mais Icius pouvait être *commode* pour tout autre chose que par sa proximité, d'autant plus « *que cinq kilomètres de plus à parcourir pouvaient bien ne pas arrêter César s'il trouvait ailleurs plus d'avantage.* » Henry fait au surplus sa 11e probabilité pour Wissant *seul*, d'un argument dont nous avons vu qu'il refusait de se servir en discutant la 1re probabilité. Il me semble qu'en bonne logique Henry eût dû compter ici, comme tout-à-l'heure, une autre probabilité pour Boulogne en même temps que pour Wissant.

2° Henry continue :

Il y a mieux, c'est que la distance de 30,000 pas assignés par le général romain, convient également aux quatre myriamètres quatre kilomètres qui se trouvent entre ce point et la rade des dunes, en prenant pour le pas romain quatre pieds six pouces cinq lignes. Ainsi, voilà encore un nouveau degré de probabilité pour Wissant.

Mais Henry se met ici en contradiction avec ses propres calculs, car quelques pages avant (p. 18), il faisait cette distance de 55,000^m, qui est la distance réelle. En bonne conscience Henry eût dû compter ici une probabilité pour Boulogne, puisque de Boulogne à Douvres il y avait du temps de César 46,000^m *environ*, et qu'ainsi nous sommes bien plus près que Wissant des 50,000 pas ou des 44175^m de César. J'ai consacré un § spécial à cet argument.

5° Cette 13e probabilité est tirée cette fois de la *commodité* même du port Icius, et pour prouver la commodité du port de Wissant, Henry mentionne un mémoire de 1650, où Wissant est cité comme très-commode « à cause qu'il n'y a aucun écueil à craindre. »

Je ne sais si un mémoire de 1650 viendra nous apprendre que le port de Boulogne était très-commode du temps de César ; tout ce que je puis affirmer, c'est que 25 ans après César, Agrippa trouvait ce port fort utile, puisqu'il en faisait la tête d'une route importante, et qu'Auguste le trouvait non moins utile, puisqu'il en faisait le lieu d'une station navale. Henry aurait trouvé cinquante autres probabilités comme celles-là qu'il ne nous aurait jamais prouvé que les contemporains même de César ne s'embarquèrent pas *unanimement* à Gesoriacum, que Gesoriacum ne fut pas le centre de toutes les opérations militaires qui se firent après César contre la Bretagne, et que tous les généraux, tous les empereurs, imitèrent l'exemple donné par César en venant s'embarquer à ce port Icius, dont la commodité était si vantée. Si Henry ne nous prouve pas cela, il faut avouer qu'il y a dans *l'anéantissement* subit d'Icius un fait inexplicable qui laisse supposer ou que César a trop vanté son port Icius à la postérité, ou que les empereurs firent à César l'injure de juger autrement que lui dans une question d'organisation militaire.

QUATORZIÈME PROBABILITÉ.

César, ayant terminé ses affaires à Trèves, revint au port Icius avec ses légions.

C'est la plus savante des probabilités d'Henry. Malheureusement c'est une science un peu brumeuse, car tout le monde ne verra pas comment il se fait que César, étant parti d'Icius et étant revenu à Icius, soit parti de Wissant et soit revenu à Wissant. La logique qui unit ces idées au bon sens n'est pas bien nette ni facile à voir. J'avoue qu'Icius, tiré de I, *auprès*, et Siu, *devant*, est plus concluant, surtout si ces racines sont véritablement celtiques. Mais on remarquera que cette étymologie s'appliquerait aussi bien à Gesoriacum, qui était situé, presque comme Wissant, *auprès* et *devant* par rapport à la côte anglaise. — J'ai bien peur que toute cette discussion ne paraisse cousue de puérilités ; je demande pardon pour moi si je n'ai pu lui donner toute la gravité qu'Henry a su lui communiquer.

QUINZIÈME PROBABILITÉ.

La flotte, prête à mettre à la voile, fut retenue pendant 25 jours, dans le port, par le vent Corus, qui règne la plupart du temps sur cette côte, selon le rapport de César.

Ici je constate une injustice criante d'Henry. Il est vrai que le vent Corus (N. O.), empêcherait de sortir de Wissant, ce qui forme une probabilité pour ce port ; mais il empêcherait et il a toujours empêché de sortir du port de Gesoriacum, ce qui est une autre probabilité pour nous. Je regrette qu'Henry n'ait pas voulu nous l'accorder, d'autant plus que tous les ports de nos côtes sont dans le cas dont Henry fait une exception en faveur de Wissant. Je répète que cela est injuste.

SEIZIÈME PROBABILITÉ.

Le vent étant devenu favorable, César donna l'ordre d'embarquer, et tandis que l'on était fortement occupé des préparatifs du départ, on fut obligé de les cesser pour aller après Dumnorix d'Autun, qui s'était révolté, et qui fut tué.

Cette affaire terminée, César laissa dans le continent Q. Labiénus avec trois légions et deux mille chevaux pour garder le port, pourvoir aux subsistances et veiller sur la Gaule.

Voici le texte :

« L'existence des ouvrages défensifs, autour du port de Wissant, autorise à penser qu'ils ont dû servir aux troupes de Labiénus, chargées de la garde du port et de la défense du pays : autre probabilité en faveur de Wissant. »

C'est la troisième fois qu'Henry compte les *antiquités* de Wissant pour des probabilités. On voudra bien remarquer d'ailleurs que trois légions et 2,000 cavaliers font 17,600 hommes, et que pour loger une telle division il faut autre chose que le *camp de César*, la *motte du Vent*, et la *motte du Bourg*, qui pouvaient loger ensemble 1,000 hommes, sans chevaux, sans bagage, sans tentes, disséminés contre toutes les règles, dans des camps *isolés*.

Boulogne, au contraire, a cent fois prouvé qu'il a été le séjour d'une nombreuse armée romaine. Wissant ne nous a jamais fourni le moindre éclat de bois, la moindre tuile qu'on puisse même attribuer à César, quoique des *fouilles nombreuses y aient été pratiquées*.

DIX-SEPTIÈME PROBABILITÉ.

César partit, vers le coucher du soleil, avec cinq légions et 2,000 chevaux, cinglant par un petit vent Africus; mais ce vent cessant vers minuit, il ne put faire route : il dériva, et à la pointe du jour, il reconnut que l'Angleterre lui restait à sa gauche.

Au retour de la marée, César regagna, à force de rames, la partie de l'île qui, la campagne précédente, lui avait fourni un débarquement très-commode, et toute la flotte y aborda vers l'heure de midi.

L'ennemi avait pris la fuite à la vue d'un si grand armement, qui montait à plus de 800 voiles, tout compris.

Voilà, continue Henry, « deux circonstances qui confirment l'identité du port Icius et de Wissant ; le premier, c'est que la flotte appareillant au coucher du soleil, détermine l'heure de la pleine mer vers les sept heures du soir. Or, ajoute-t-il, il est de fait qu'aux marées de sept heures, il n'entre point assez d'eau dans les baies longues et resserrées de Boulogne et d'Ambleteuse pour permettre la sortie instantanée d'un armement de plus de 800 voiles, et que l'anse de Wissant seule sur cette côte offrait un emplacement vaste. »

Malheureusement pour M. Henry, le départ de la flotte au mois d'août, au coucher du soleil, détermine non pas la pleine mer à sept heures, mais au moins la mer montante à six heures et la pleine mer de dix heures et demie à onze. Or l'établissement du port de Boulogne est de onze heures et demie. Ce n'est donc pas là les *mortes-eaux*, et César pouvait trouver dans le hâvre de Gesoriacum un bassin tout aussi vaste que dans l'*anse* de Wissant, si César a appelé *portus* cette anse.

Quant *à la sortie instantanée* du port Icius, je rappellerai à Henry que, de son temps même, Napoléon savait parfaitement comment s'y prendre pour opérer la sortie d'une flotte non moins formidable que celle de César et resserrée dans un espace rétréci de toute la différence qui existe entre le port de Boulogne d'aujourd'hui et le *Gesoriacum navale* d'autrefois.

« La deuxième circonstance, dit M. Henry, qui pouvait déterminer le gisement du port Icius, c'est que si le point de départ se fût trouvé plus éloigné vers l'est, comme à Calais ou à Dunkerque, la dérive eût entraîné les vaisseaux trop loin pour que, depuis le lever du soleil jusqu'à midi, ils eussent pu regagner à la rame le point de débarquement. Ceci conclut donc encore en faveur de Wissant. »

Il me semble que ceci conclut aussi bien en faveur de Boulogne, situé non à l'est de Wissant, mais à l'ouest. Or il arrive tous les jours qu'en partant de Boulogne et arrivant à mi-chenal avec vent de S.-O., on se trouve entraîné dans l'est par le *flot*. C'est pour éviter cet inconvénient que les navires, en partant de Boulogne, montent légèrement au vent, c'est-à-dire, au lieu de se diriger directement sur Douvres, mettent le cap dans le N.-O. pour se laisser ensuite dériver avec le flot qui porte à l'E., jusque vis-à-vis le port de destination. César ignorait cette particularité, et il aura ainsi dérivé dans la mer du nord. — Cette circonstance ne conclut donc pas plus en faveur de Wissant qu'en faveur de Boulogne, puisque ce phénomène se produit à mi-chenal, trois heures après la mer montante, de quelque port qu'on ait appareillé.

Enfin, dit M. Henry :

DIX-HUITIÉME PROBABILITÉ.

Le vent étant devenu favorable (pour le retour), César mit à la voile sur les neuf heures du soir, et prit terre au point du jour avec tous ses vaisseaux ; son premier soin, en arrivant, fut de mettre ses vaisseaux à sec : ensuite, il alla tenir les états des Gaules à Amiens.

Pour mettre les vaisseaux à sec, continue-t-il, l'endroit le plus favorable était l'anse de Wissant ; ainsi l'on peut conclure que c'est dans ce port que César vint débarquer.

J'ai répondu ailleurs à cet argument, qui termine d'une manière remarquable la série des arguments qu'Henry a extraits à grande peine du texte des *Commentaires*.

Je n'ai rien à ajouter aux diverses réponses que j'ai faites aux dix-huit probabilités, si ce n'est que j'avais annoncé, en commençant, la désertion en notre faveur des trois quarts au moins de ces probabilités, et que la totalité en est venue à nous. J'ai plus que tenu ma promesse.

Mais la question n'est pas dans le texte de César. C'est autre part qu'il fallait chercher la solution du problème.

Quoiqu'il en soit, la dissertation d'Henry est, parmi nous, la plus populaire de toutes celles qui ont été écrites à ce sujet, et j'ai regardé comme un devoir de la réduire à sa plus simple expression.

FIN DES NOTES.

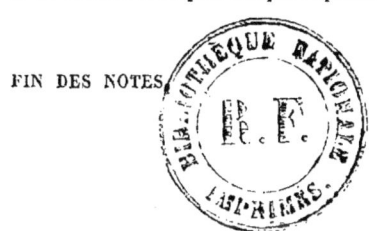

Pour paraître incessamment :

Lamberti Ardensis, HISTORIA COMITUM ARDENSIUM ET GUISNENSIUM. Quam è manuscriptis edidit, variis lectionibus, notisque et commentariis locupletavit AUG. MARIETTE.

HISTOIRE DES COMTES D'ARDRES ET DE GUINES, de **Lambert d'Ardres** (XIIIe siècle), traduite pour la première fois en français par AUG. MARIETTE.

Voir *Histoire littéraire de la France*, t. XVIe, p. 528 (article de M. Daunou), et D. Bouquet, t. XI, préface, p. 79.

DEUXIÈME LETTRE A M. BOUILLET, proviseur au Collége royal Bourbon, sur les incursions des **Normands** dans le nord de la France, par M. AUG. MARIETTE.

DOCUMENTS BIBLIOGRAPHIQUES, DIPLOMATIQUES ET ARCHÉOLOGIQUES, pour servir à l'histoire de la ville de **Wissant**, depuis sa fondation jusqu'en 1567, époque de sa destruction ; — mis en ordre et publiés par AUG. MARIETTE.

www.ingramcontent.com/pod-product-compliance
Lightning Source LLC
LaVergne TN
LVHW021006090426
835512LV00009B/2109